けが知っている！

軍用地投資入門

軍用地投資コンサルタント 仲里桂一 Keiichi Nakazato

［改訂版］

自由国民社

■本書は、不動産投資の参考となる情報の提供を目的として作成したものであり、投資の勧誘を目的としたものではありません。本書で紹介した内容で万が一何らかの損害を被った場合でも本書発行元及び著者はいかなる責任も負いません。

■本書は２０２３年10月現在の情報を基に作成しております。発売後、時間がたってからお読みになっている場合は、最新の法令等をご自身でも確認されることをおすすめします。また、本書内に記載されているインターネットアドレスは同時点のものであるため、将来のアクセスを保証するものではありません。

■本書で紹介している内容は著者の個人的経験に基づくものであり、その有効性を保証するものではありません。本書内で著者によって提供された見解・意見・主張などは著者自身のものであり、本書発行元の見解・意見・主張ではありません。

はじめに

みなさんは、世界一の投資家、ウォーレン・バフェットをご存じでしょうか。

バフェットは世界長者番付の常連として知られ、「投資の神様」や「オマハの賢人」と呼ばれ、世界で最も尊敬を集めるビジネスパーソンの一人です。

バフェットは莫大な富を築いたにも関わらず質素な生活を送り、富の大半を慈善事業に寄付していることから、「アメリカン・ドリーム」の体現者としても知られています。

「負け知らず」といわれるほど常に投資に成功しているバフェットの「通行料が取れる橋を買え」という投資の格言を知っていますか。

詳しく説明すると、仮に川に橋が架かっていたとします。橋がその一本であれば、両岸の人々は必ずその橋をわたって行き来きせざるを得ず、そこで通行料を課金すれば必ず儲かる事業となる、ということです。

このように、需要が多くて供給は一つしかないものを買えば、リスクなしに儲けることができる。バフェットはこのことを「橋」にたとえたのです。

ちなみにこうした企業は「消費者独占企業」と呼ばれ、消費者から圧倒的な指示を受けているブランド企業です。

たとえば、スマートフォンでｉＰｈｏｎｅを使いたければ、提供している企業はアップル1社しかありませんので、ｉＰｈｏｎｅユーザーの市場においては、アップルは有料の「橋」を有していることになります。

単純にスマートフォンの基本スペックだけを比較すれば、アップル製品に比べて他社製のスマートフォンの方が安価であるケースが多いです。私もｉＰｈｏｎｅ使用歴10年以上になります。当初は価格の安い他社のスマートフォンを使用していましたが、一度、ｉＰｈｏｎｅを手にしたら、洗練された機能やデザインにはまり、高価ではありますが手放せなくなりました。

ｉＰｈｏｎｅユーザーにとって、スマートフォン＝ｉＰｈｏｎｅですので、他社製品はそもそも選択肢に入らず、アップル製品のラインナップのみを対象に購入する製品を選ぶことになります。

アップルはこうした構造的な理由によって、スマートフォン市場において強力な価格決定力を持ち、利益を維持・拡大することができます。

このような消費者独占企業は不況にも強いですし、仮に不況で値下がりするようなら、絶対「買い」というわけです。

軍用地は不動産のアップル

軍用地とは「主に沖縄などにある在日米軍の基地や自衛隊基地に使用されている土地」のことをいいます。これらの土地は地方公共団体や個人らが所有しており、日本政府と賃貸借契約を結んでいます。

つまり、政府の先にある国民は、自分たちの生命及び財産を守るために、その土地を使用しなければならず、貸主の個人らに賃借料を支払っていることになります。

言い換えると、軍用地はグーグル（Ｇｏｏｇｌｅ）、アップル（Ａｐｐｌｅ）、フェイスブック（Ｆａｃｅｂｏｏｋ）、アマゾン（Ａｍａｚｏｎ）の４社の頭文字を取って称されるＧＡＦＡのような「消費者独占企業」ともいうことができるわけです。

軍用地は、沖縄のみならず、在日米軍の基地が所在する全国各地にあり、ごく限られた方たちの中で、こっそりと取引されています。

需要が大きく、供給が少ない軍用地は、まだ一部の不動産市場関係者しか気づいていません。そこにいち早く気づき、さっさと買い占める。

これが投資の王道ではないかと思います。

投資は「何を選んだか」で決まる

アメリカのゼネラル・エレクトリック（GE）の最高経営責任者であったジャック・ウェルチ氏は、競争力のある事業を「選択」し、経営資源をこの選択した事業に「集中」するという経営手法で、GE社は1980年代から1990年代末にかけて、売上高を6・3倍の1700億ドル、利益を6・7倍の107億ドルに伸ばしました。

彼は、黒字が出ている事業より、競争力のある事業を「選択」しました。つまり、集中する前に選択しなければ、事業は拡大できなかったのです。

そう、成功のキーワードは「選択」です。

私が軍用地投資を始めたのは、2006年にアパートの大家さんを目指して、自分が住んでいる賃貸アパートのオーナーに相談したのがきっかけです。

そのオーナーが軍用地の地主だと知り、アパートの大家になる前に、軍用地主になるのが先だと思い立ったのです。

なぜなら、金融機関はアパートを建てたいからといっても、土地を持っているだけでは、お金を貸してはくれません。

資金調達には、なぜお金が必要なのか、どのように返済していくのか、万が一のときはどうするのか、などを具体的な根拠を明示する事業計画が必要ですが、軍用地主は違います。

政府から賃借料が支払われることから、食いっぱぐれがないので、安心してお金を貸すことができるからです。

後ほど説明しますが、軍用地主にはさまざまな優遇・特権があります。私は、軍用地主の地位が欲しくて、地主になることを「選択」したのです。

今では、軍用地投資を始めたことで、金融機関から信用され、アパートなどの不動産投資の融資は随分楽になりました。アパート、マンションはもちろん、軍用地を買い進めることが可能になりました。振り返ってみると、当時、軍用地を選択して良かったと実感し

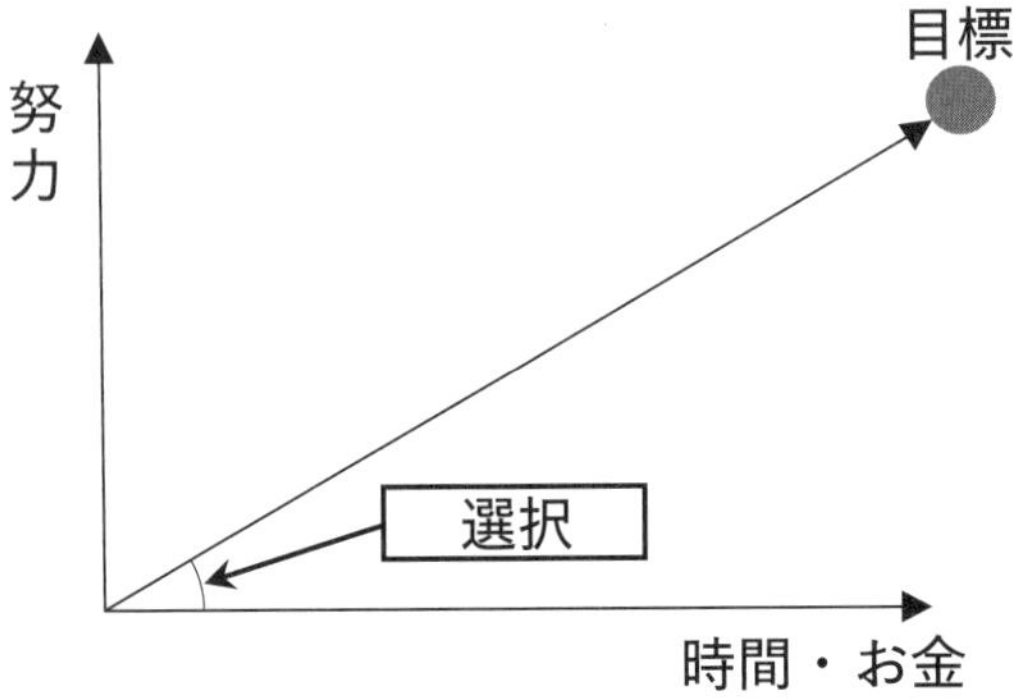

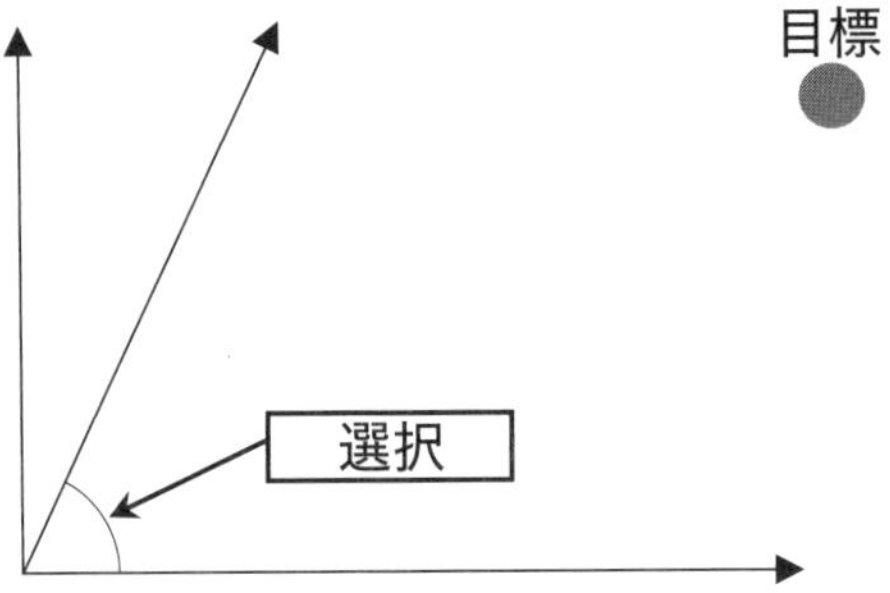

ています。

投資、仕事、結婚も同じだと思います。自分が望むものを手に入れたければ、選択が重要です。なぜなら、人生の成功の大部分は、何を選んだかで決まるからです。

上のグラフを見てください。将来の目標に向かって時間や努力・お金を費やしても、最初の選択が間違ってしまうと、達成したい目標には近づくことはできないからです。

投資で成功したければ、確率が高いものに投資するべきです。私は、株式投資や不動産投資で数々の失敗を繰り返してきました。才能がないのは自分で分かっています。

この本を手にとっている「投資が苦手だ」と思っているあなたも、才能がなくても良い結果が出せる軍用地に投資すればいいと思います。


本書は、『お金持ちだけが知っている！ 軍用地投資入門』（自由国民社）の改訂版です。出版から約2年がたち、市況も大分変わりました。軍用地投資において大きなウエイトを占める融資においても金融機関の姿勢に変化が出ています。本書では、この間、私が肌で感じていた最新の情報なども盛り込んでいます。

あなたが軍用地投資を円滑に進めていくためのガイドラインであり、決して「軍用地投資でボロ儲けできますよ！」と煽る本ではありません。事前準備から着実に投資を進めていくためのノウハウが詰まっている本です。

軍用地投資の成否は購入時点ですべてが決まるほど、再現性が高い投資です。もちろん、読者のみなさんに私の投資スタイルを押しつけるつもりは毛頭ありません。ですが、入口の部分で失敗してしまえば、取り返しのつかないことになりかねません。知識がないまま勢いだけで買ってしまったため、買い進めることが難しくなるということもありえます。

本書の構成は以下のとおりです。

第1章では、沖縄の軍用地の実情、触れてはいけない〝軍用地のパンドラの箱〟へ深く切り込みます。加えて、今回初めて明らかになる沖縄以外の軍用地を紹介します。

第2章では、軍用地投資を始める前に知っておくべきメリットについて解説していきます。たとえば、軍用地が不動産投資と他の金融商品の良いとこ取りの投資であり、しかも長期で安定的に利益が得られる〝究極のほったらかし投資〟といえる理由などを説明します。

第3章では、実際に軍用地投資を始めるにあたって、知っておきたい基礎知識をまとめました。どんな軍用地を買うといいのかや、軍用地独特の値付け方法などをご紹介します。

第4章では、どのようにして物件情報を入手したらいいのかを、初めて購入する方にも分かりやすく説明します。県内不動産サイトで物件情報の探し方や不動産会社との人間関係を構築する方法を公開します。この本を読めば沖縄に住んでいなくても軍用地が買える方法が分かるので、安心してください。具体的かつ誰にでもできる情報入手方法を公開します。

第5章では、私の手痛い失敗談をまじえながら、物件資料の確認から軍用地の買い付け、契約までの流れを具体的に説明していきます。軍用地投資では他の不動産投資では見られない独特な書類があります。その書類を実際に例示します。

第6章では、軍用地投資の拡大がテーマです。軍用地投資を拡大させていくには、金融機関の融資が大切になります。そのために必要なローン戦略や借入で注意したいポイント、軍用地主の特権ともいえる土地連共済会融資制度などについてまとめています。

第7章では、現役地主や、不動産会社の現場の生の声を取材した内容を紹介します。

最後の第8章では、実際に私が投資を始めたきっかけや軍用地を買い進めてきた手法など、実際の体験で得たリアルな知識を盛り込みました。今後、沖縄の軍用地投資を実践する上で必読です。

本書が、手に取ってくださったあなたの資産づくりの実現に、少しでもお役に立てれば幸いです。

2023年10月　　仲里　桂一

軍用地投資入門　目次

第2章 ローリスク・ミドルリターンと断言できる軍用地投資の旨味とは？

第3章 初心者が軍用地投資を行うための準備

第4章 誰にでも分かる！ 軍用地投資の始め方【情報収集編】

第7章　～実録～私たちが軍用地投資の本音を語ります

第8章

私が軍用地投資を続けるわけ

第1章

知らないと損をする!
軍用地投資とは

そもそも軍用地とは

米軍が基地として使用している土地を「軍用地」といいます。1972年5月に沖縄は日本に返還されましたが、その後も米軍が使用している基地、及び国土交通省が管理している那覇空港用地、加えて自衛隊基地も「軍用地」と呼ばれています。

「軍用地」の約3分の2は個人や県、市町村の土地を国が借りる形になっており、毎年、地料が所有者に支払われています。その「軍用地」を投資対象として売買すること、それが軍用地投資です。

では、なぜ米軍の基地が存在するのでしょうか。その答えが、外務省の公式ホームページ「キッズ外務省」に次のように説明されています。

日本は第二次世界大戦後、新しい憲法のもとで、新しい国造りを目指しました。新しい憲法では、戦争を行わず、そのための武力を持たないことを定めました。これが憲法9条です。日本は、この憲法の下で平和国家の道を歩んできました。

こうした政策は、日本が世界に誇ることのできるものです。しかし日本の外から攻撃される前にそれを防ぐ場合や、日本の安全がおびやかされる場合には、日本の持っている防衛力だけでは十分とは言えません。

　そこで日本政府は、日本と日本国民の安全を守るために、アメリカと日米安全保障条約という約束を結びました。この条約は、日本が攻撃を受けたときにアメリカが日本を守ること、そして、日本はアメリカ軍が使う施設などを提供することを約束しています。だから、アメリカ軍の基地が日本にあるのです。

　日本国内に存在する米軍基地ですが、嘉手納《かでな》飛行場のように米軍がもっぱら使用する米軍専用施設、厚木海軍飛行場のように海上自衛隊と共同使用する施設、陸上自衛隊東富士演習場のように自衛隊施設を一時的に使用する施設の3つに分類することができます。ここでは、米軍専用施設と共同使用施設を含めて在日米軍専用施設とします。

　沖縄県内には、飛行場、演習場、後方支援施設など多くの在日米軍専用施設が存在しています。令和５年（２０２３）年度版防衛白書によると、同年1月1日時点で日本における在日米軍専用施設のうち、面積にして約70%が沖縄県に集中。沖縄県の離島を含めた全面積の約８％、沖縄本島の面積に限ると約14%を占めているのです。

在日米軍施設・区域（専用施設）面積

2023年1月1日現在

区分		施設・区域数	面積	全体面積に占める割合	国土（県）面積に占める割合
全体		76施設・区域	262,610千㎡	100.00%	0.07%
内訳	本土	45施設・区域	78,084千㎡	29.73%	0.02%
	沖縄	31施設・区域	184,525千㎡	70.27%	8.09%

出典：防衛省
https://www.mod.go.jp/j/approach/zaibeigun/us_sisetsu/pdf/menseki_2023.pdf

ちなみに日本全体の国土面積は37万７９７１㎢あり、沖縄県の面積は２２８１㎢で、国土面積に対し約０・６％しかありません。これほど狭小な県土にもかかわらず、日本における米軍専用施設の約70%が集中しているのです。

そうはいっても、ピンときませんよね。現在、沖縄県内には、軍用地が約１８４㎢あります。これはサイパン島や北海道の利尻島とほぼ同じくらいの広さになります。伊豆大島の約２倍、東京ドームなら約４０００個分に相当するのです。

「軍用地」の始まり

一般社団法人沖縄県軍用地等地主会連合会が発行した『土地連のあゆみ＝創立三十年史＝通史編』によると、１９４５年４月１日、沖縄県本島中部西海岸に上陸した米軍は、日本軍との戦闘に勝って、日本軍の陣地であった中飛行場（のちの嘉手納《かでな》飛行場）や北飛行場（のちの読谷《よみたん》補助飛行場、２００６年に返還済み）などを占領しました。

沖縄県に配備された日本軍の牛島《うしじま》満《みつる》司令官と長《ちょう》勇《いさむ》参謀長が糸満市の摩文仁《まぶに》で自決したのが１９４５年６月23日。この日をもって沖縄における日本軍の防衛戦闘は終結しました。沖縄県が制定している記念日「慰霊の日」であり、沖縄県及び県内市町村の休日でもあります。同年７月２日、米軍は作戦終了宣言を発して、沖縄地域は米軍の全面的な占領下に置かれます。その後、８月15日に日本国政府がポツダム宣言を受諾し、日本全土が連合国軍の占領下に置かれたのはご存じのとおりです。

この日以降、沖縄の住民は米軍によって収容所に入れられました。この間に米軍は、基地用地として広大な土地を囲い込みはじめ、この年だけでその面積は１８２㎢に及んだといわれています。

１９４９年の中華人民共和国の成立、１９５０年の朝鮮戦争などといった国際情勢を背景に、アメリカは沖縄の長期保有と在沖米軍基地の機能強化の方針を打ち出しました。そして、１９５０年代をピークに沖縄本島中南部を中心とした土地の強制接収を行っていきます。

沖縄県における米軍基地の状況

出典：防衛省
https://www.mod.go.jp/j/approach/zaibeigun/saco/

これらの土地は、アメリカの占領地域として１９５２年の対日講和条約発効まで、本来の所有者に何の対価も支払われないまま、強制使用が続けられました。

沖縄の住民が収容所に入れられてから2か月後の１９４５年10月末、少しずつ解放が始まりましたが、生まれ育った土地にようやく帰りついてみると、我が家は跡形もなくなっており、農地もろとも基地の金網の中であったという人も少なくなかったそうです。そういった人たちは、米軍によって「割当土地」に住まいを移されました。割当土地とは、米軍に自分の土地を強制接収された住民が割り当てられた、無償で使用できる別の住民の宅地・農地のことです。

米軍占領下の混乱当初は、住民同士の〝助け合い〟は自然の流れで、土地を提供した人からも反発はなかったそうです。しかし、年を経るにつれ、〝助け合い〟の精神は薄れ、無償で提供していた土地の提供者から明け渡しを求められることもありました。そのうち、割り当てられた人が土地の提供者に賃借料を支払うことがアメリカ政府により義務づけられ、「割当土地が与えられても農地の面積は戦前に比べれば狭く、自分の土地の使用料は払ってもらえないのに、自らは土地の賃借料を支払わなければならない」という苦境に立たされることになりました。

軍用地が生まれるに至ったその裏には、沖縄の住民にとって感情のやり場をどうすることもできない、このような理不尽な経緯があったのです。

「軍用地」ヒストリア
～軍用地を守り抜いた男　土地連初代会長・桑江朝幸～

「軍用地といえば桑江、桑江といえば軍用地」と呼ばれた伝説の人物、桑江《くわえ》朝幸《ちょうこう》。いかなる圧力にも屈しない闘志と、どんな苦しい立場に立たされても動じない辛抱強さで沖縄の軍用地を救った、土地連初代会長の桑江朝幸氏については、軍用地投資に興味を抱いた人なら知っておく必要があります。

沖縄の貧しい家庭環境で育ちながらも学校の成績は常に優秀だった桑江。20歳で徴兵検査に合格して上京し、皇居周辺を警護する近衛兵の任務に就きました。戦後の混乱下、沖縄県人連盟埼玉県支部の副会長として沖縄県人の救済にあたっていた桑江が、再び沖縄の大地を踏んだのは、戦後から1年余りがすぎた28歳のときでした。故郷の沖縄の地に米軍住宅が立ち並ぶ一方、依然、捕虜として収容所生活を余儀なくされた沖縄住民がいる――。

この光景に目を奪われた桑江は、激しい怒りに突き動かされ、「これがアメリカの民主主義か。故郷の土すら自由に歩くこともできないとは。ここは我々の故郷だ！」と、郷土を守り抜くことを誓ったのです。

その後、桑江は米軍占領の激しい弾圧に立ち向かい、「言論の自由獲得運動」を展開。米軍施政下における初の政党「民主同盟」を結成しました。精力的に軍用地問題に取り組み、30歳で村議会議員に当選すると、今度は不平等の是正に取りかかります。

米軍が戦時中から戦後にかけて囲い込んだ土地は、沖縄本島の41％に相当するおよそ４９５㎢。故郷の土地を追われた地主は５万人にのぼり、その土地は軍用地として無償の強制使用が続けられていました。

桑江は「住民の個人財産を代償なしで使用することは、占領軍であろうとも許されない。アメリカは速やかに軍隊が使用している土地の地料を支払うべきだ」と住民の権利を主張し、県内各地を巡って財産権を回復させる運動を展開しました。

しかし、ほとんどの住民は「戦勝国に歯向かうようなことはやめろ、桑江の運動に協力すると米軍から配給が止められる」などといった冷ややかな反応で、賛同する住民は少数でした。

それでも桑江は諦めず活動を続け、何とか３７００人分の署名を集めて当時のヘイドン長官に地料を請求。その結果、初めて米軍が軍用地料を支払うこととなる道筋をつけることに成功しました。

さらに各市町村に山積する軍用地問題の解決のため、桑江は各市町村長へ集結を呼びかけ、１９５３年6月16日、組織を立ち上げました。前出の沖縄県軍用地等地主会連合会（通称「土地連」）の前身である「市町村土地特別委員連合会」の発足です。軍用地問題に精通していた桑江が「米軍がどんな横暴な要求をしようが断じて容認できるものではない」と宣言し、35歳にして初代会長に就任しました。

こうした動きに対抗するかのように、米軍は布告第26号を発令。その内容は、①引き続き米軍使用土地については、暗黙の契約が成立している　②占有登記をする　③地料は琉球政府へ供託する　④地主は不服であれば審査を請求できるが、その審理は米軍土地収用委員会で行う、というものでした。占領意識丸出しの内容を桑江に突きつけたのです。

これを受けて桑江率いる土地連は各地で軍用地地主大会を開き、不服申し立ての審理開始に向けて３１３６人の署名を集めました。こうした機運が高まるさなか、アメリカ政府は突如、軍用地料一括払いの方針を打ち出したのです。その内容はというと、所有権を地主に残したまま、無期限使用料を全額一括払いするというものでした。

事実上の土地の買い上げの方針に、土地連はすぐさま反対を表明。桑江が議員一人ひとりをくまなく訪ねて土地連の方針を説明に回った結果、当時、米軍の施政下にあった琉球政府の立法院において、「４つの原則的方針」が党派を超えた全会一致で可決されました。

その方針とは、①土地の買い上げ又は永久使用、地料の一括払いは行わないこと　②使用中の土地についての適正補償、支払いは毎年支払いとすること　③米軍が加えた損害に対する適正賠償措置　④不要の土地の返還及び新規接収の回避、という内容でした。

そして１９５４年７月、軍用地の適正地料支払いを巡って、審理が始まりました。この審理では回を重ねるごとに米軍の矛盾点が浮き彫りにされ、強制立ち退きと強制収用を行った米軍の行為は、マスコミを通じて日本全国、そしてアメリカ本土でも報道され、広く知れ渡ることになりました。

軍用地問題への関心が集まる中、軍用地問題に取り組む対米折衝団の一員だった桑江は、「終戦の翌日から平和条約発効まで沖縄県が米軍により被った土地や財産、人権に関わる損害をアメリカ政府が補償すべき」という要望書をアメリカ軍事委員会に提出しました。

１９５５年10月、アメリカ政府はプライス下院議員を団長とする軍用地問題調査団一行を沖縄県に派遣。一行は沖縄側の意見を聞き、現地視察によって事実を調べました。その結果が米軍事委員会に報告されるということで、住民たちは軍用地問題の解決に大きく期待を寄せました。

ところがその8か月後の1956年6月、プライス調査団は沖縄側に地料の一括払いと新規接収を受諾するよう勧告。それは沖縄側が主張してきた「4原則」を無視する内容で、到底受け入れられるものではありませんでした。

桑江は住民の先頭に立って領土主権と財産権を守る戦いを宣言し、全県民一致した闘争体制を整えました。各市町村では領土権を守る総決起大会が開催され、沖縄全島で40万人の住人が参加。住民無視の土地政策に怒りを爆発させたのです。

情勢が混迷を極める中、桑江の元に琉球政府より一本の電話が入りました。「米高等弁務官が立法院議院議長室で一括払いを中止するよう指令を出し、軍用地問題はワシントン当局で再検討中であると発表された」との情報がもたらされたのです。桑江はあまりの感激に言葉も出なかったそうです。

1958年7月30日、アメリカ政府のブース高等弁務官より「アメリカ政府は過去において収用された一切の期限つき土地保有権を廃棄し、一括払いを完全に放棄して、これらの土地を使用するために地料の毎年払いを行う」との声明が出されました。

こうして長く険しい沖縄の軍用地問題解決への道はひとまず終結となりました。桑江はその後も沖縄のために力を尽くし、立法院議員や沖縄市長を歴任して数々の功績を残しました。

桑江は地料一括払いを取りやめさせて毎年払いにさせただけでなく、さらにその後、地料を2倍に引き上げ、住民の財産権の回復に尽力しました。こうした桑江の活躍と指導力と粘り強さがなかったら、現代においても沖縄県民の土地がわずかな金銭で米軍の土地になっていたであろうと思うと、その功績に感謝せずにいられません。

基地問題と密接に関係する「一坪反戦地主」

このようにして勝ち取った軍用地料ですが、一方でこの地料の受け取りを拒否している人たちがいます。「一坪反戦地主」と呼ばれる人たちです。

沖縄県では、大多数の地主が国との契約に快く応じたものの、米軍の駐留に反対するごく一部の地主が「沖縄県民の土地を返してくれ、軍隊に使わせたくはない」と、軍用地として契約することを拒否していました。そして、「軍事基地を生活と生産の場へ！」をスローガンとして、１９８２年に一坪反戦地主会を発足したのです。

沖縄は日米両軍の激しい地上戦の場になった後もさらに27年もの間、アメリカの施政下に置かれ続けました。そして今もなお、在日米軍専用施設の約70％を押しつけられ、住民は頻発する米兵の犯罪や米軍基地に起因する事件・事故に苦しんでいます。それゆえに一坪反戦地主たちは基地の再編・強化に反対して基地の整理・縮小・撤去を要求し、日米安全保障条約の解消を求めています。

一坪反戦地主たちの主な活動は、土地を1坪（約３・３㎡）以下まで細かく分割して分け合い、登記簿上の名義人（地権者）を増やすことです。対象の土地は「一坪共有地」と呼ばれています。

そもそも一坪反戦地主会が発足したのは、日本政府が駐留軍用地特措法を反戦地主の土地に適用したことがきっかけでした。駐留軍用地特措法とは、日米安保条約に基づき、在日米軍基地に土地を提供するために定めた特別措置法のことです。

この特措法では「米軍が駐留するために必要な土地については、日本政府が日米安全保障上、必要と判断したときは、国内のいかなる土地でも強制的に使用及び収用できる」とされています。

そこで、米軍の駐留に反対する地主たちは、米軍に土地を自由に使わせないために当時の反戦地主会の会長の土地を譲り受ける形で、一坪共有化運動を始めました。この運動の狙いは、政府の特措法が米軍施政下における強制接収と同一であるかのようにイメージをだぶらせることにあります。政府が一方的に、個人の土地を強制的に接収している姿を、マスコミを通して広く国民へ知らしめることに重きを置いています。

一坪反戦地主たちは国との賃貸借契約に応じないので、防衛省は軍用地料を支払うことはありませんが、特措法にしたがって、一坪反戦地主へ損失補償金を支払うことになっています。沖縄防衛局の職員だった私は、２０１２年に一坪反戦地主へこの損失補償金を支払う業務に就きました。

前任者から「訪問時に反戦地主から頭から水を浴びせられた、暴言を吐かれた」などと聞かされていたので、正直、気が重い業務でした。同僚と二人一組でそれぞれ割り当てられた訪問リストにしたがって、一坪反戦地主のお宅を夜間に訪問するのです。中には不在のお宅もあるので、その際は手紙を郵便受けに投函します。

反戦地主の方が在宅していると、「事前に連絡一つよこさず、いきなり夜に訪ねるとは非常識だ。公務員がこれくらいも分からないのか」「わざわざ経費をかけて、国が補償金を支払いに来るなんて、税金の無駄だ。東日本大震災の復興に税金を充てるべきだ」などといわれました。

当然、反論することはできません。防衛省としては反論することで言葉の揚げ足を取られ、問題が長引く事態は避けたいからです。当局は法律上、補償金を支払わなければならず、地主が受け取り拒否の意思を示した場合に限り、法務局へ供託することができます。ですから、相手が受け取りなのか拒否なのか意思を示すまで、グッと奥歯をかみしめて耐えなければいけないのです。

地主の方がお亡くなりになっていた場合、一坪共有地を相続した配偶者や子へ補償金を支払うことになります。快く受け取ってくださる方もいれば、故人の遺志を尊重して受け取りを拒否して、供託に応じる方もいました。

一坪反戦地主会が発足したいきさつには反戦地主でない私にも共感できる部分が多々ありますが、発足から30年以上たった今となっては、反戦活動を続けていることが本当によかったのかと悩む一坪反戦地主たちも出てきています。ある50代の一坪反戦地主は「反戦活動をしていることで、公務員採用試験に合格をした息子の就職に影響が出てしまわないものか」と、身辺調査を気にされていました。

また、別の一坪反戦地主は、活動的な職場の先輩に名簿の数合わせのために名前だけでも貸して欲しいといわれ、なかば強制的に一坪反戦地主会へ組み込まれたそうです。一度、一坪反戦地主会から脱退を試みたものの、会の担当弁護士にすげなく扱われ、その態度に憤りを感じながらも、結局脱退できずに今に至っているそうです。

今後、一坪反戦地主の数は増加する傾向にあります。なぜなら、共有地主の高齢化によって死亡者が増え、相続による新たな地主が複数発生するからです。そうなると、補償金の支払いを裁決する土地収用委員会は一人ひとりに本人確認をしなければならないため、厚さ5センチにもなる膨大な書類を個人ごとに発送します。当然、沖縄県の行政コストに大きく影響を及ぼします。それだけでなく、一坪反戦地主への補償金支払い業務にかかる国の行政コストも計り知れないほど増大し、国民の税金がそのために使われることになるのです。

泣くに泣けない地主の悲嘆！自衛隊基地の未契約地について

一坪反戦地主は、たとえ地料をもらってはいても「これ以上、沖縄は過重な基地負担を負うべきではない」との思いから、平和な沖縄を取り戻す運動を展開していくために反戦活動を行っています。それは、米軍基地に限ったことではありません。

私が沖縄防衛局に勤務していた頃の話です。自衛隊基地の国有財産について担当者から相談に乗って欲しいと泣きつかれたことがありました。その相談内容は、自衛隊基地の中にある「未契約地」の件でした。

未契約地とは、読んで字のごとく、国との賃貸借契約に応じない地主の土地のことをいいます。実際に、自衛隊基地の中に数か所の未契約地が存在します。自衛隊はその土地を使用することができないので、その一画を区切って周りの土地を使用しています。また、そもそも契約していないので、国は地主に対し軍用地料を支払う義務がありません。ですから地主は、その土地を使用できないにもかかわらず、固定資産税はずっと払い続けているということになります。

相談は、台風が襲来した際、未契約地に長く残置されていたトタン板が飛んできて、自衛隊基地のフェンスを直撃。フェンスを修理しなければならなくなったとのことでした。トタン板の所有者である未契約地主が管理を怠ったのが原因です。修理費をその地主に請求したいという内容でした。

その地主は、１９７３年に自衛隊基地が沖縄県に配備された当初より配備に反対し、賃貸借契約に応じてこなかった地主の土地を相続した配偶者でした。その方に連絡を入れ、事の経緯を説明して、フェンスの修理代の請求を試みました。

すると「国が勝手に私たちの土地の周りに基地をつくったのではないか。責任は国にある。修理代を払うつもりはない！」と烈火のごとくお怒りになりました。ただ、今まで契約に応じてこなかった地主なので、断られるのは織り込み済みでした。

自衛隊の担当者にこの話を伝えたところ、自衛隊側でフェンスの修理を行うことになりました。トタン板は地主の所有物なので、勝手に処分することはできず、元の場所に戻したそうです。また台風が襲来した際は、同じことが起こるかもしれません。その後、対策はどうなったのか、今では知る由もありません。

このように自衛隊基地には、地料を受け取らずに自衛隊配備に反対する気骨のある地主もいます。

一方で、未契約地を相続したものの、多額の固定資産税の支払いに窮する地主がいるのも事実です。あるとき、那覇市にある不動産会社から、一本の電話がありました。

その内容は、地主の要望で、航空自衛隊那覇基地の未契約地を国で買い取って欲しいとのことでした。その土地は、およそ２００坪もの広大な面積でした。もし、国で買い取ることになれば、当時、最低６０００万円はかかったでしょうか。

これほどの買収額を確保するには、財務省への説明が必要です。これまで、自衛隊は、未契約地の一画を柵で囲い、その周囲で基地の運用を行ってきました。言い換えれば、未契約地を使用しなくても、運用に支障はなかったともいえます。今後、自衛隊の運用次第では、その土地が必要となってくるかもしれませんが、上司に相談した結果、未契約地の買取は、丁重にお断りしました。

使用できない土地を所有し、固定資産税を払い続けるしかない地主の心境はいかばかりかと深くお察し申し上げます。

「黙認耕作地」はパンドラの箱

ところで、現在の沖縄では、近隣の住民が米軍基地内に立ち入り、軍用地を耕作している風景を目にします。もちろん、米軍が立ち入りを許可しているのです。特に沖縄本島中部の嘉手納町の嘉手納飛行場と嘉手納弾薬庫地区、読谷村のトリイ通信施設、伊江村の伊江島補助飛行場には、こういった多くの「黙認耕作地」があります。

『土地連のあゆみ＝創立三十年史＝通史編』によると、戦後から沖縄の日本復帰前にかけて、農地の強制収容に対する農民の反対運動に手を焼いた米軍が耕作権を市町村長に与え、地主以外の第三者でも希望があれば米軍基地内の土地を耕作できるという制度がありました。当時は食糧難で、米軍は積極的に開墾を許したようです。さらにその後、地主に軍用地料を支払うことになってからも、その土地を使用することを認めたのが「黙認耕作地」の由縁です。

現在では、マンゴー、バナナ、パパイヤなどをつくり、路上販売で生計を立てている耕作者もいるほど。自分の土地ではない軍用地で野菜や果物を栽培して収益を得ているわけです。彼らの中には廄舎を建築して牛やヤギなどを飼育しているツワモノまでいます。

それを知った友人が「黙認耕作地の軍用地を購入して、そこで畑を耕し、ゴーヤを収穫したい」と言い出したので、私は全力で止めました。なぜなら、黙認耕作地から使用収益を得た場合、その分は軍用地料から差し引くという「きまり」があるからです。

その「きまり」とは、「在日合衆国軍隊の用に供する国有財産及び民公有財産の一時使用等の許可にかかる審査基準等について」というものです。そこには、軍用地料相当額の１００分の90を超えない範囲を使用料とするとうたわれています。つまり、黙認耕作地から使用収益を得た場合、本来の軍用地料の10％以下しかもらえないということになるのです。

そう説明すると、友人は納得し、黙認耕作地を購入するのは諦めてくれました。

とはいうものの、その「きまり」が適用された事実を耳にしたことはありません。なぜなら、長年、米軍の管理下で行われてきた黙認耕作を沖縄防衛局が、今更、止めなさいとは、いえないからです。

ですが、伊江村の伊江島補助飛行場の黙認耕作地の地主からは、軍用地料を得ながら、「耕作料」をもらえると聞いたことがあります。「耕作料」とは、土地を持たない農業をする人が地主から土地を借りる際の使用料です。坪当たり30円から１００円がもらえるそうです。戦後の貧しい食糧難がきっかけで行われてきた黙認耕作。当時は米軍から支払われる借地料は、一坪ジュース一本分の値段だったと聞いています。そのような苦難な時代を生き抜いてきた先人の「したたかさ」「逞しさ」が今に受け継がれていると思います。

とはいえ、黙認耕作地の問題点はこのような単純な話ではありません。本来であれば、使用する権利のない土地を当時の特殊な事情から使用が認められ、それが長年にわたって続いてきてしまっている――この「ゆがみ」が黙認耕作地問題の本質です。実際、国の会計検査院は沖縄防衛局に対し、地主が国へ貸している土地で黙認耕作をしていることは、目的外使用にあたると指摘しています。これをきちんと正すということになれば、伊江島補助飛行場だけに限らず、すべての黙認耕作地を地主へ返還するのか、黙認耕作者を出ていかせるしかないでしょう。これは、パンドラの箱を開けてしまうことになりかねないので、手つかずになっているようです。

軍用地主に対する誤ったイメージを払拭する

「６０８４万円で軍用地を購入した資産家、１年半後の売却額に驚愕」

という記事が以前Ｙａｈｏｏ！ニュースで配信されました。予想通りでしたが、そのコメント欄が荒れに荒れたのです。

「反対運動をしている人もいれば、国からの地代で遊んで暮らしたり、基地問題は複雑だ」

「中国からも軍用地の購入のために沖縄に来るそうだ」

地主が反対するのは、ただ地代がもらえなくなるという単純な問題ではありません。戦後、地主は、強制的に奪われた土地を使用され続けてきました。コンビニなどの事業用借地契約において、賃貸借契約期間が定められていれば別ですが、そのようなことが一切決まっていません。それをもう使用しないからと一方的に返されては、地主はたまったものではありません。

今から８年前ですが、平成27年３月、一般社団法人沖縄県軍用地等地主連合会が「軍用地が沖縄県経済に及ぼす経済効果調査」を公表しました。地主の年齢は「70代以上」が（48・２％）と半数近くを占め、次いで「60代」（29・７％）を含めると、８割近くが年金生活者です。

年間の軍用地料は「50万円～１００万円未満」が（21・３％）と最も多く、次いで「１００万円～２００万円未満」が（16・８％）、「50万円未満」（13・９％）などでした。「２

００万円未満」の層が約52%を占めることになります。孫への教育資金や自宅のリフォーム費用などがかかる年代にとって、わずかな年金と軍用地料で、遊んで暮らせるでしょうか。また、「60代」以上がかなり多いことから、軍用地主の高齢化を読みとることができ、今後、相続等により軍用地主はさらに増加していくことが予想されます。そうなると、軍用地はさらに細分化していくので、年間の軍用地料は、下がっていくでしょう。

沖縄の軍用地が中国人に買われる話ですが、５年前、テレビ局の報道関係者から同じ質問を受けたことがありました。複数の不動産会社に聞いてみましたが、中国人が軍用地を購入した事実は確認できませんでした。むしろ、海が見えるリゾート物件を好んで買うそうです。売主の前で、現金で買うから、「いくら負けろ」と大声で値切るので、嫌な思いをしたそうです。

記事に書かれている趣旨とは違う意見や、ミスリードとなるようなコメントが上位に表示されていると、記事を見に来た人に間違った印象を与えてしまうことになります。また、どの記事を見てもなぜか陰湿でネガティブなコメントばかりに高評価がついているのは、もはや理解不能です。

２０１７年１月に公開された、参議院議員の「資産等報告書」。資産総額９８９９万円で１２１議員中3位につけた1回生、元ＳＰＥＥＤの今井絵理子議員は、嘉手納飛行場や航空自衛隊那覇基地を所有する軍用地主であることが分かりました。

そのことがマスコミに報道されると「基地問題に率先して取り組むべき沖縄県選出の国会議員が基地の土地収入を得ているなんて、けしからん！」と今井議員は批判にさらされることになりました。

沖縄では、「軍用地主」＝「お金持ち」とまことしやかにささやかれています。公職にある立場の方々は自分名義で軍用地を所有することは避ける傾向にあります。最近は一昔前より収まりましたが、いまだに軍用地主は羨望と妬みの目で見られています。

本来、軍用地料は、米軍に土地を奪われた住民たちへの補償として支払われてきたものでした。しかし、相続税を支払えないなどの理由で手放す人が増え、軍用地が不動産市場に出回り始めました。

その結果、軍用地が安定資産、優良物件として高値で取引されるようになり、軍用地主は「先祖伝来の土地を強制的に接収された悲劇の地主」から、「働かずに、黙っていても国からお金がもらえる基地利権に群がる地主」へと、周囲の見る目が一変してしまいました。それと同時に、自分が地主であることをなるべく他人には知らせたくないという心理が軍用地主の間に広がっていったのです。

以前、70代男性から軍用地の売却の相談を受けたことがあります。売却理由を尋ねたところ、自営業を営んでいる弟の資金繰りが悪化し、借入金額を返済するために、親から相続した軍用地を泣く泣く手放さなければならないとのことでした。

本来であれば、弟の借金問題ですから弟自身が解決しなければなりません。兄と同様に親から軍用地を相続していた弟でしたが、すでに食いつぶしていました。そこで目をつけたのが、兄の軍用地。弟に泣きつかれ、しかも高額な借金の借入先が高金利のノンバンクであったことから、いち早く手を打たなければならないということでした。

このように、軍用地を持っていることを知られると、無用な金銭問題に巻き込まれることもあります。ですから、たとえ身内や親族の間でも、自分が軍用地主であることを周囲に話したがらない人が多いようです。

地主の合意形成が困難

軍用地は、安定して賃料が得られる「投資物件」として注目され、県外投資家に買われる事例が増えています。特に、嘉手納飛行場より倍率が低い、返還予定のない嘉手納弾薬庫地区を買い求める県外投資家が多いようです。

２０１９年６月の琉球新報社電子版によると、沖縄県内の米軍基地の軍用地で国と賃貸借契約を結ぶ所有者について、県外に居住する地主の数が６年間で１・44倍に増加して４千人を超え、軍用地主全体の１割に迫っていました。

地主の高齢化で県外や国外に住む親族への相続・贈与が進むことに加え、かつてない低金利環境の下で「安定資産」として投資目的の軍用地需要が広がっていることが背景にあるようです。沖縄の基地負担が続く中、お金だけが県外に流出する状況を懸念する声が上がっています。この流れは、止まらないでしょう。以前は、出来ることなら、県内に居住している方へ購入してもらいたい地主が多かったのですが、最近では、購入できるなら県内、県外を問わない地主がほとんどです。

県民所得が全国最下位の沖縄では、軍用地を購入できる層は限られるので、所得の高い層が多い県外へ軍用地が流れていくのは、自然の流れです。

今後、軍用地が県外へ流出し続けると、返還予定地の跡地利用の合意形成が、困難になります。沖縄では、浦添市の牧港補給地区や沖縄市と北中城村にまたがる米軍キャンプ瑞

米軍用地所有者の県内・県外在住者の内訳

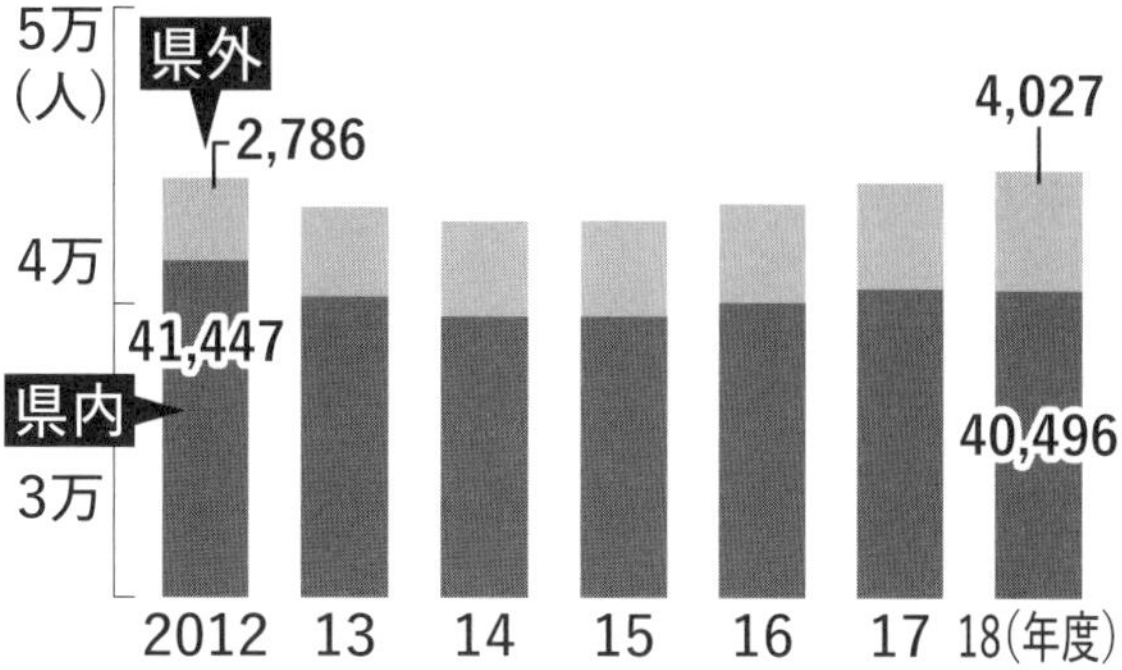

※国と契約している人数、駐留軍用地特措法に基づき使用している米軍用地の地主は除く

自衛隊用地所有者の県内・県外在住者の内訳

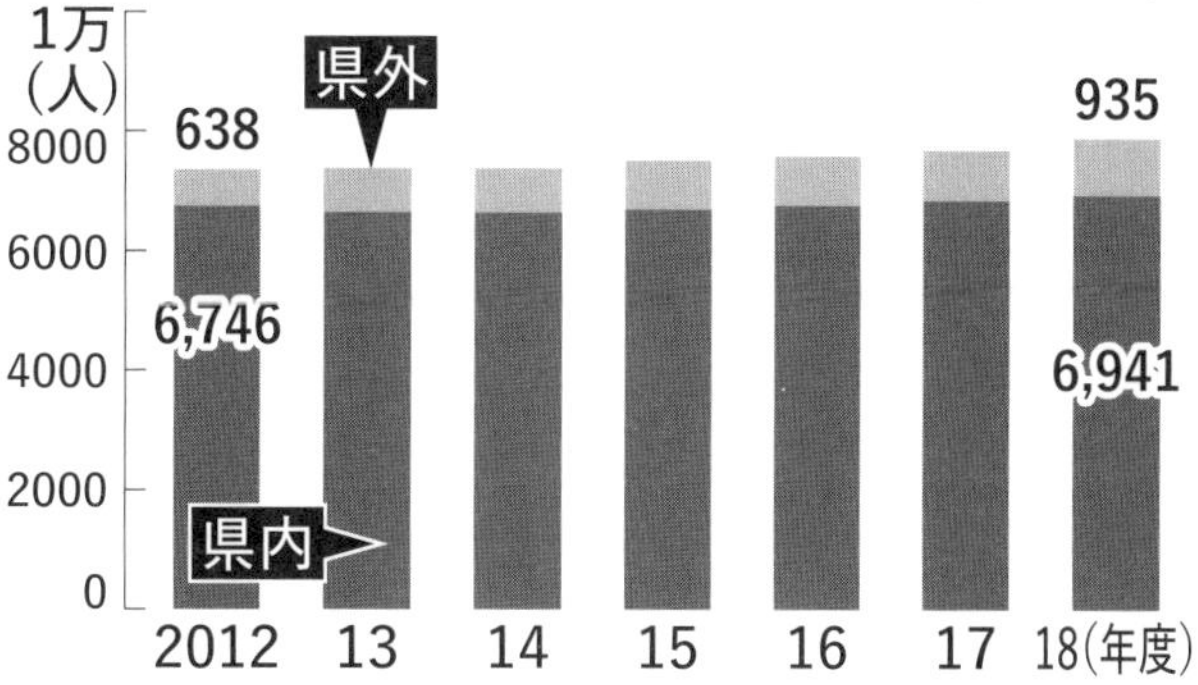

引用：琉球新報社電子版（2019年6月9日付）

慶覧ロウワー・プラザ住宅地区の返還が間近に迫っています。跡地利用では、地主の意見が反映されるため、このまま、軍用地の細分化が進み地主の数が増えると、跡地利用の合意形成がより難しくなります。

私は、常々、セミナーでは、軍用地主になったら、軍用地の成り立ちや沖縄で起こっている米軍基地問題に強く関心を持ってほしいと話しています。単なる投資目的ではなく、軍用地を通して、沖縄を知るきっかけとし、できることなら実際に沖縄へ訪れて、直に軍用地を見てほしいと思います。

そして、軍用地主になったら、せっかく汗水流して稼いだお金で軍用地を購入したわけですから、転売せずに、軍用地に愛着を抱いて、沖縄の未来を県民と一緒に歩んでほしいと切に願っています。

沖縄県以外の軍用地（根岸住宅地区編）

前述のとおり、沖縄県のように日本政府と賃貸借契約している軍用地を購入することは現実的ではありません。実際ありはするのですが、沖縄県のように不動産市場で活発に取引はされていないからです。

ほとんどが、代々、親族に相続されるのが現状です。しかし、本書の影響もあり、沖縄県以外の軍用地も徐々に世に出るようになりました。

以前、都内で軍用地投資セミナーを行った際、受講者の方が、親族に横田基地の地主がいると仰っていました。その地主の方は、賃貸借中の土地を手放すことになり、不動産会社に相談したのですが、取引事例がないことから、金額がつかなかったそうです。仕方なく、防衛局へ二束三文で売却せざるを得なかったようです。もっと、早く拙著に出会っていれば、高値で売却できたと残念がっていたとのこと。

実は、根岸住宅地区の軍用地について、売却の相談を受けました。

神奈川県横浜市に所在するこの地区は昭和22年10月野菜畑として利用されていた民有地を米軍がX住宅地区として接収。昭和36年4月に根岸住宅地区に名称変更されました。昭和52年12月には、敷地の大部分が根岸森林公園として整備され開放されました。

その後、幾度も返還され、平成16年10月に日米合同委員会において、返還の方針に。米軍人、軍属及びその家族が居住し、管理事務所、教会、宿舎、中央公共施設（図書館、銀行、郵便局等）、診療所等が所在していましたが、平成27年12月にすべての居住者が退去しています。

なお、現在も在日米海軍司令部統合消防隊第5消防署は存続しており、在日米海軍横須賀基地司令部憲兵隊が交代制により立哨業務及び警備巡回を行っています。

返還時期は未定ですが、地主180名らによる「米軍根岸住宅地区返還とまちづくりの会」が設立され、令和3年3月末に、横浜市は「根岸住宅地区跡地利用基本計画」を策定しました。

同地区は中・南・磯子区にまたがる約43ヘクタールの米軍施設。今後は、国による原状回復作業が開始され、返還が現実になります。

跡地には横浜市立大学医学部・附属病院等の再整備構想もあり、今後、10から15年にかけて、大学病院としての機能を1病院に集約し、診療・教育・研究機能を一体として整備する予定です。

私は、テーマパークを核とした複合的な集客施設の誘致を計画するより、派手さはありませんが、大学病院などの総合医療施設の方が地に足がついた、堅実な跡地利用だと思います。今後、水面下での取引が活発になると想定されます。

ただ、沖縄の軍用地と異なる点が一つあります。それは、「駐留軍用地跡地の有効かつ

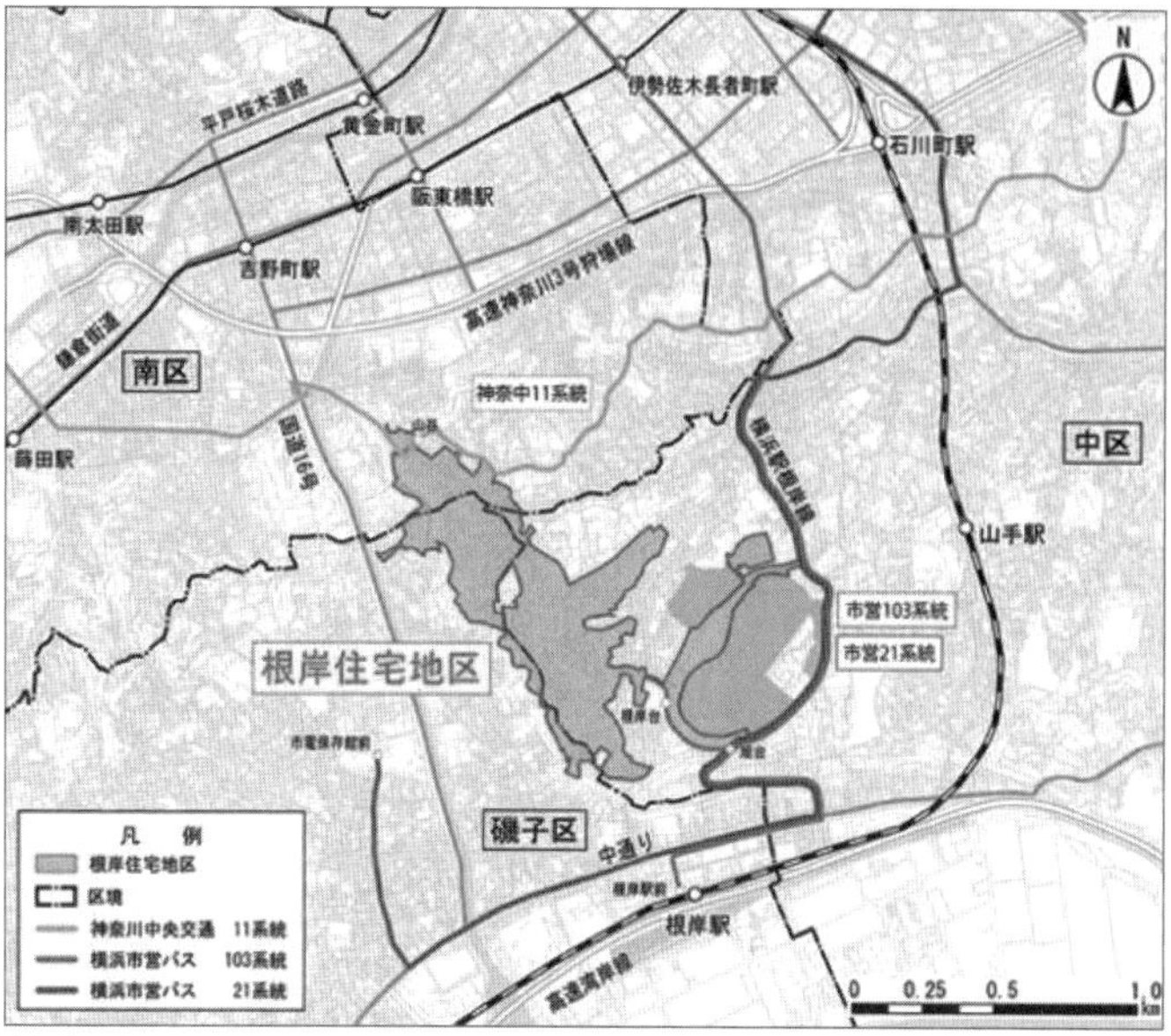

出典：横浜市　根岸住宅地区跡地利用基本計画（概要版）
https://www.city.yokohama.lg.jp/city-info/seisaku/torikumi/kichi/beigun/negisitochi.files/0027_20210421.pdf

適切な利用推進に関する特別措置法（以下、跡地利用特措法）」が根岸住宅地区には、適用されないことです。

跡地利用特措法とは、「沖縄における在日米軍施設・区域に関する統合計画」における嘉手納飛行場以南の土地の返還を、円滑に行うための特別措置法であり、返還後の計画的な開発整備に向けた公共用地の先行取得に関し、内閣総理大臣による「特定駐留軍用地」指定、開発事業の特定と土地譲渡希望者と自治体との買い取り協議の際の土地譲渡所得５０００万円

土地利用計画

ゾーニング

跡地利用の考え方で示した「まちづくりの全体像」、「まちづくりのテーマとコンセプト」、「分野別方針」などを踏まえ、土地利用計画(ゾーニング)にまとめました。

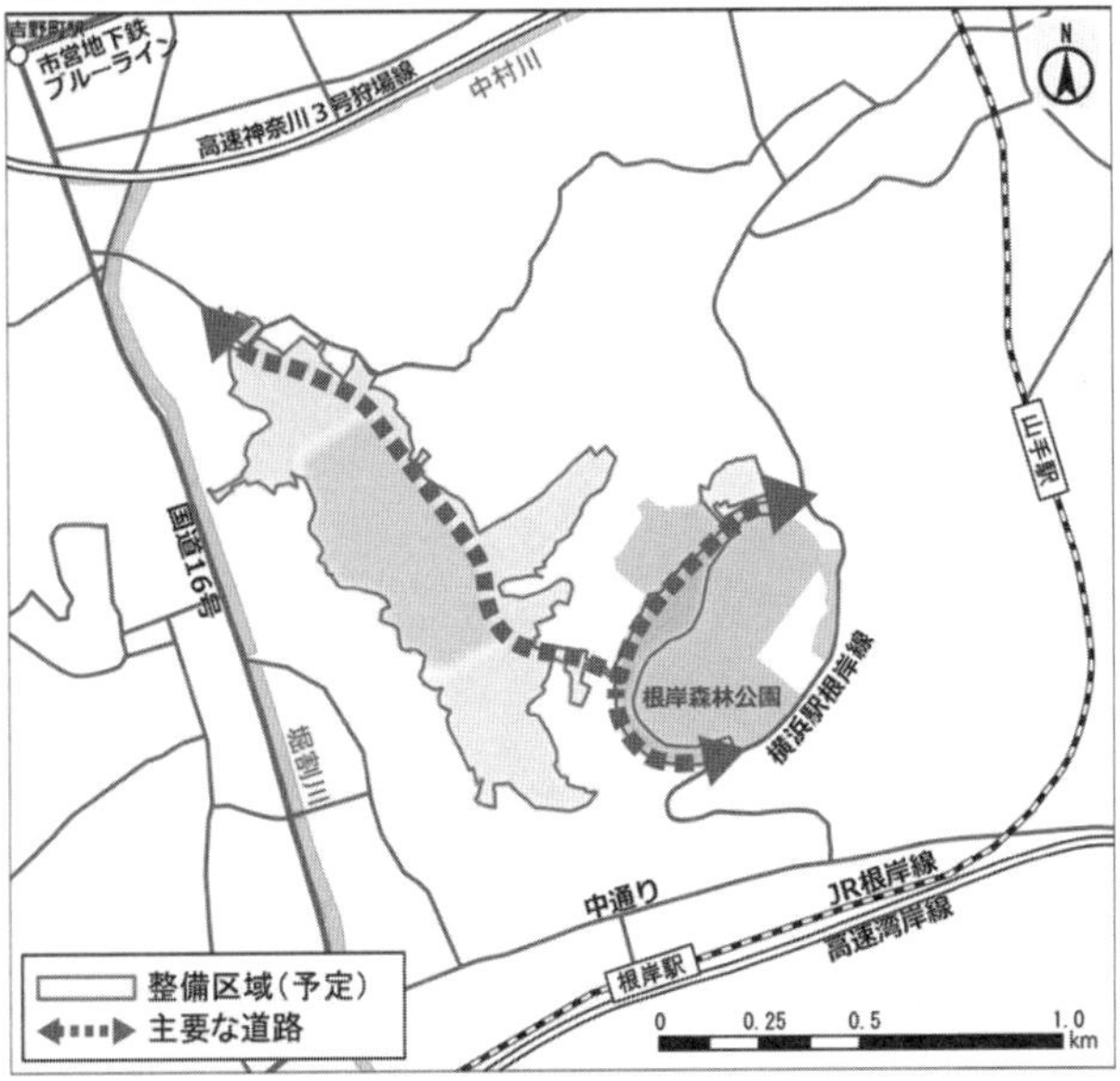

文教ゾーン

○教育・研究の場である大学施設を想定し、国有地を集約します。

○横浜市立大学医学部・附属2病院等の再整備の最有力候補地としています。

住宅地等ゾーン

○住宅施設の立地を想定し、根岸駅や吉野町駅からのアクセス性に配慮します。

○低層住宅を主とし、一部に中層住宅を想定しています。

森林公園ゾーン

○根岸森林公園を拡張します。

全 域

○これらのほか、身近な公園をはじめとする地域に必要な都市インフラ、福祉施設、消防施設などの公共・公益施設や生活利便施設等の配置を検討していきます。また、次の時代をけん引する成長分野の研究開発を促進するため、横浜市立大学以外の教育施設や、産学連携の充実に向けた土地利用を図っていくことなども引き続き検討していきます。

○広域避難場所としての機能を継続できるよう土地利用を図っていきます。

出典:横浜市　根岸住宅地区跡地利用基本計画(概要版)
https://www.city.yokohama.lg.jp/city-info/seisaku/torikumi/kichi/beigun/negisitochi.files/0027_20210421.pdf

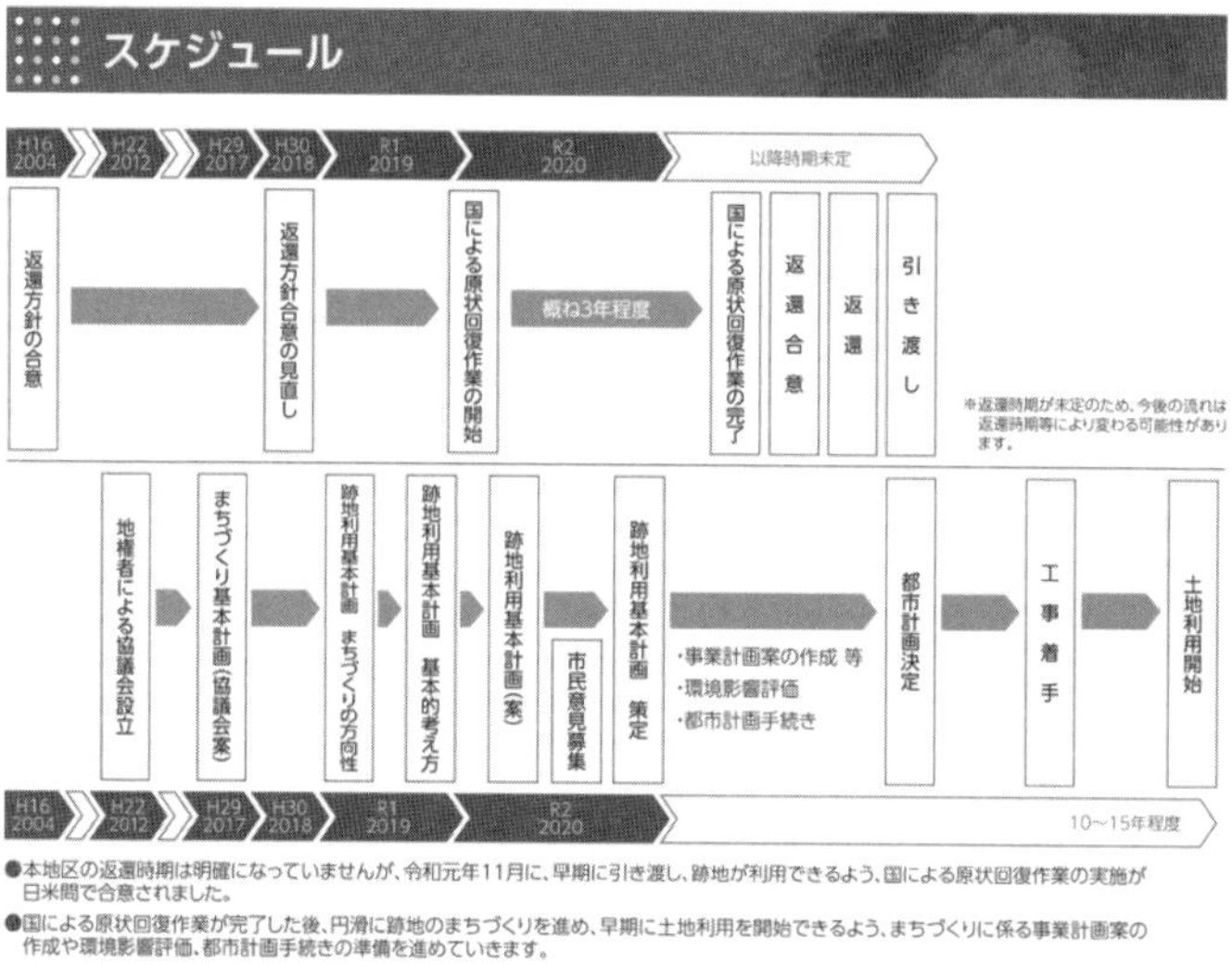

出典：横浜市　根岸住宅地区跡地利用基本計画（概要版）
https://www.city.yokohama.lg.jp/city-info/seisaku/torikumi/kichi/beigun/negisitochi.files/0027_20210421.pdf

施設名	航空自衛隊 那覇基地	米軍根岸住宅
調査基準日	令和5年07月01日	令和5年01月01日
標準地番号	那覇5-16	横浜中-11
A価格(円/㎡)	353,000	333,000
B地料単価(円/㎡)	4,725.60	13,662.25
地目	宅地	宅地
B/A	1.3%	4.1%

まで特別控除、また返還後の所有者の負担軽減のために、給付金の支給を定めたものです。沖縄における負担軽減を行うとともに、早期の開発を誘導する手法といわれています。

同地区の地主は、土地が返還され、土地利用開始までの期間は、指をくわえて待っているだけとなります。長年にわたり国に自らの土地を提供してきた地主は高齢になっていると聞いています。地主の心に寄り添う気持ちが横浜市にあれば、沖縄のような特措法を国に求めることも必要でないかと思います。

高まる軍用地の希少価値

浦添市の国道58号の城間交差点付近の慢性的な交通渋滞を解消するため、日米両政府は、国道58号の拡幅工事に必要となる浦添市の米軍牧港補給地区（キャンプ・キンザー）の一部の土地約１９００平方メートルを、２０２１年5月31日に返還が実現しました。

しかし、最大の争点である普天間飛行場（宜野湾市）の返還時期は、名護市辺野古への移設を前提に「２０２２年度またはそれ以降」となっていますが、もはや先送りは許されない状況です。

返還計画は日米両政府の合意済みではあるものの、当事者である沖縄県民は納得していません。県民は、戦中から戦後にかけて、米軍基地があるがゆえに頻発する事件・事故、航空機による騒音の激化に命を削る思いで耐えてきたからです。

普天間飛行場は、宜野湾市の市街地に位置しています。

住宅や学校で囲まれた普天間飛行場の固定化は、絶対に避けなければなりません。その点に関しては、政府と沖縄県の共通認識であることから、政府と県は、腹を割って話すべきだと思います。

普天間基地以外にも嘉手納飛行場以南にある米軍6基地に返還計画があります（58—59ページ）。しかし、その対象基地の大半は、県内の別の場所に機能を移転・集約した後に返還することになっています。

代わりとなる受け入れ先施設の地元住民と信頼関係を築くことが欠かせないだけでなく、実現させるためには大胆な地域振興策が前提となってくるでしょう。

また、近年、膨張著しい中国軍の南西諸島付近への進出を懸念し、日本政府は奄美大島や宮古島、石垣島、与那国島といった南西諸島への自衛隊配備を計画・決定しています。安全保障上、沖縄が極めて重要な拠点となることは必然です。

さらに、最近、ショッキングなニュースが飛び込んできました。

政府は沖縄県の宮古島に住民が避難するためのシェルターを新たに整備する方針を決めたのです。

加えて、同時期、政府は、北朝鮮がミサイルを発射したもようだと全国瞬時警報システム（Jアラート）を発令し、県民に避難を呼びかける事案が発生しました。沖縄において、地政学的リスクは避けて通れなくなりました。

ただ私は、米軍基地は近い将来、徐々にですが確実に減ってくると考えています。それは逆にいうと、嘉手納飛行場以北の現状、返還予定のない軍用地の価値が上がるということです。

軍用地投資は2008年のリーマンショック、2020年のコロナショックなどの経済危機にほとんど影響を受けることなく、地料が上がり続けました。

そのため、軍用地は不況に強いといわれています。株式やほかの収益不動産を保有するより安全性が高く、確実に資産を増やせる投資として、富裕層の間でひそかな注目を集めています。

軍用地の認知度がさらに上がることになれば、その資産価値はうなぎ上りになると思います。

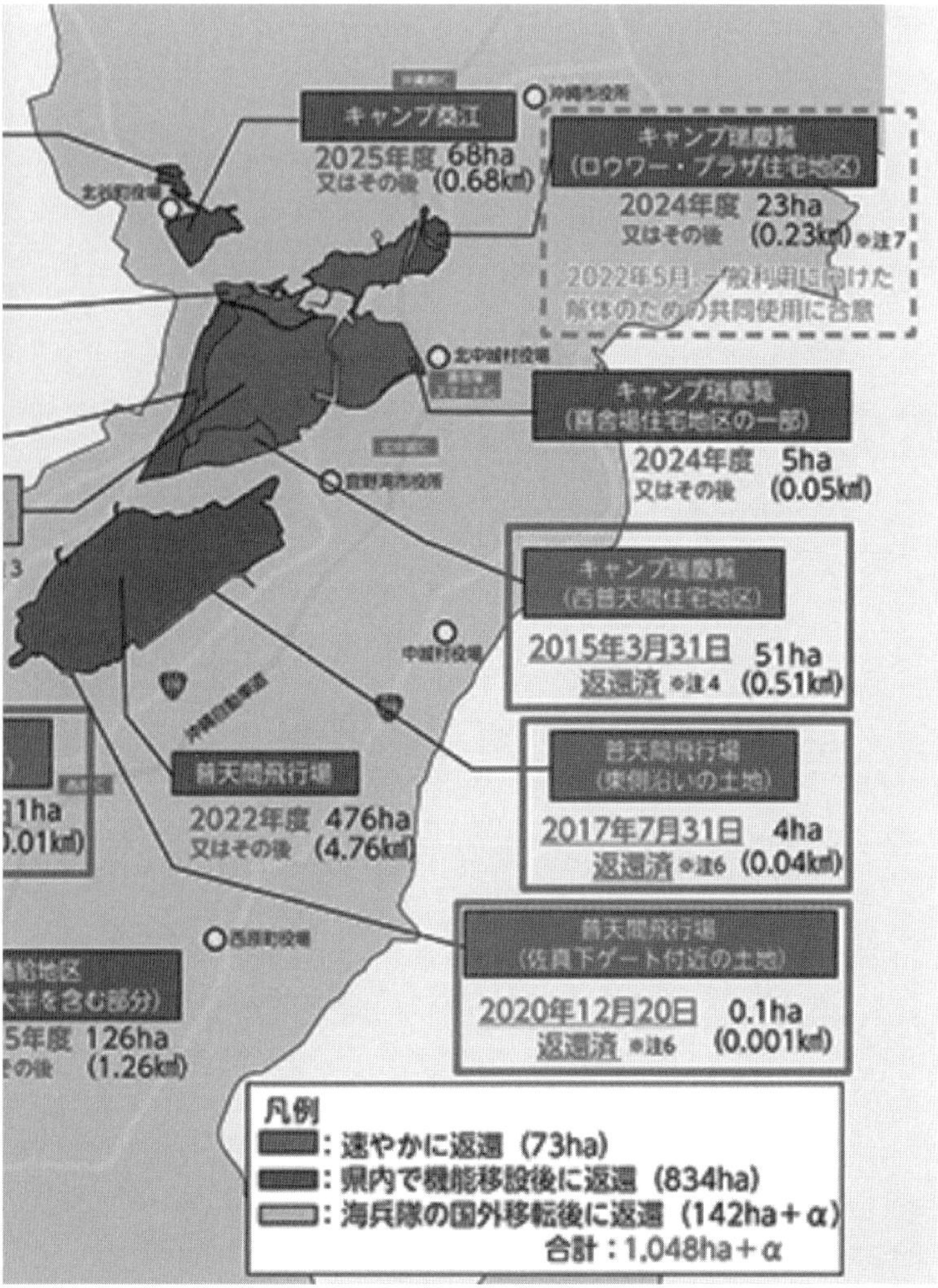
沖縄市役所
キャンプ桑江
2025年度 68ha
又はその後 (0.68㎢)
北谷町役場
キャンプ瑞慶覧
(ロウワー・プラザ住宅地区)
2024年度 23ha
又はその後 (0.23㎢) ※注7
2022年5月 一般利用に向けた
解体のための共同使用に合意
北中城村役場
キャンプ瑞慶覧
(喜舎場住宅地区の一部)
2024年度 5ha
又はその後 (0.05㎢)
宜野湾市役所
キャンプ瑞慶覧
(西普天間住宅地区)
2015年3月31日 51ha
返還済 ※注4 (0.51㎢)
中城村役場
沖縄自動車道
普天間飛行場
2022年度 476ha
又はその後 (4.76㎢)
普天間飛行場
(東側沿いの土地)
2017年7月31日 4ha
返還済 ※注6 (0.04㎢)
西原町役場
126ha
(1.26㎢)
普天間飛行場
(佐真下ゲート付近の土地)
2020年12月20日 0.1ha
返還済 ※注6 (0.001㎢)
凡例
: 速やかに返還 (73ha)
: 県内で機能移設後に返還 (834ha)
: 海兵隊の国外移転後に返還 (142ha+α)
合計:1,048ha+α

嘉手納飛行場以南の土地の返還

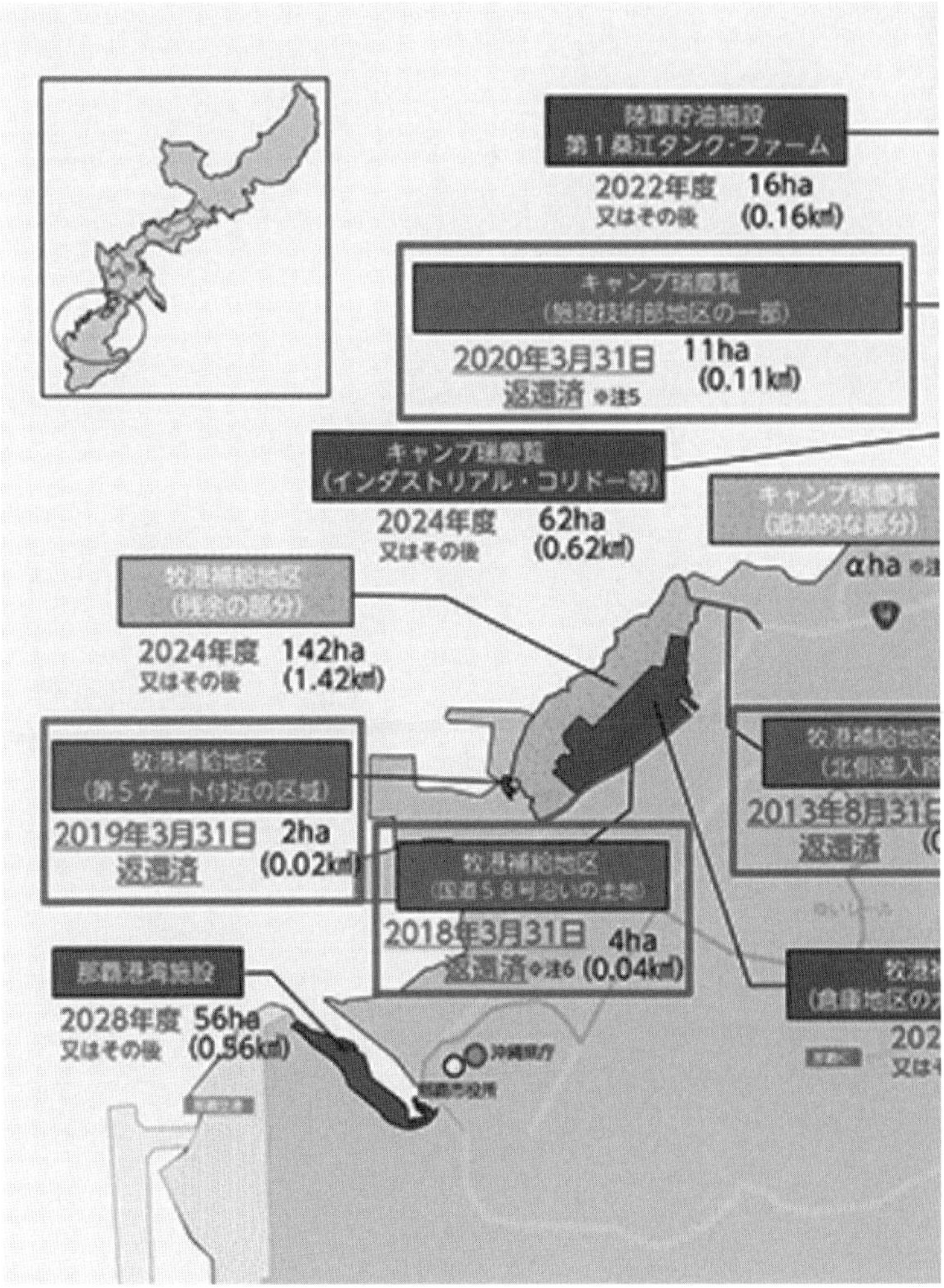

出典：令和5年度版防衛白書
https://www.mod.go.jp/j//press/wp/wp2023/html/n320502000.html

第2章

ローリスク・ミドルリターンと断言できる軍用地投資の旨味とは？

投資の基本！　リスクとリターンの関係

軍用地投資の具体的なお話をする前に、投資全般における基礎的な話をしておきます。

一般的にいうと、投資とは、「リスク」を取って、「リターン」を得ること。リスクのないものにリターンはないということです。投資の世界では１００％確実という言葉が当てはまるものはありません。「絶対に安心な投資はない」のです。

投資は、リスクとリターンが表裏一体の関係にあります。私は、リスクとリターンは次ページの図1のような比例関係にあると考えています。リスクが高い商品は、リターンも高くなっています。各投資を比較すると、資産価格の変動が大きかったり、配当（あるいは賃料収入や利子）の変動が大きいものは、リスクの高い投資となっています。たとえば、株式投資はリターンが望めて収益性が高い半面、元本割れのリスクも高いものです。一方、預貯金は安全性が高く元本割れのリスクは低いとともに、大きなリターンは望めません。

同様の投資のなかにもリスクの高い低いはあります。64ページの図2は不動産投資におけるリスクとリターンのポジションです。最近あまり聞かなくなった原野、山林への投資は、「あの山の近くに将来空港ができるかもしれない。とても安い金額で購入できる山が

図1　リスクとリターンの関係

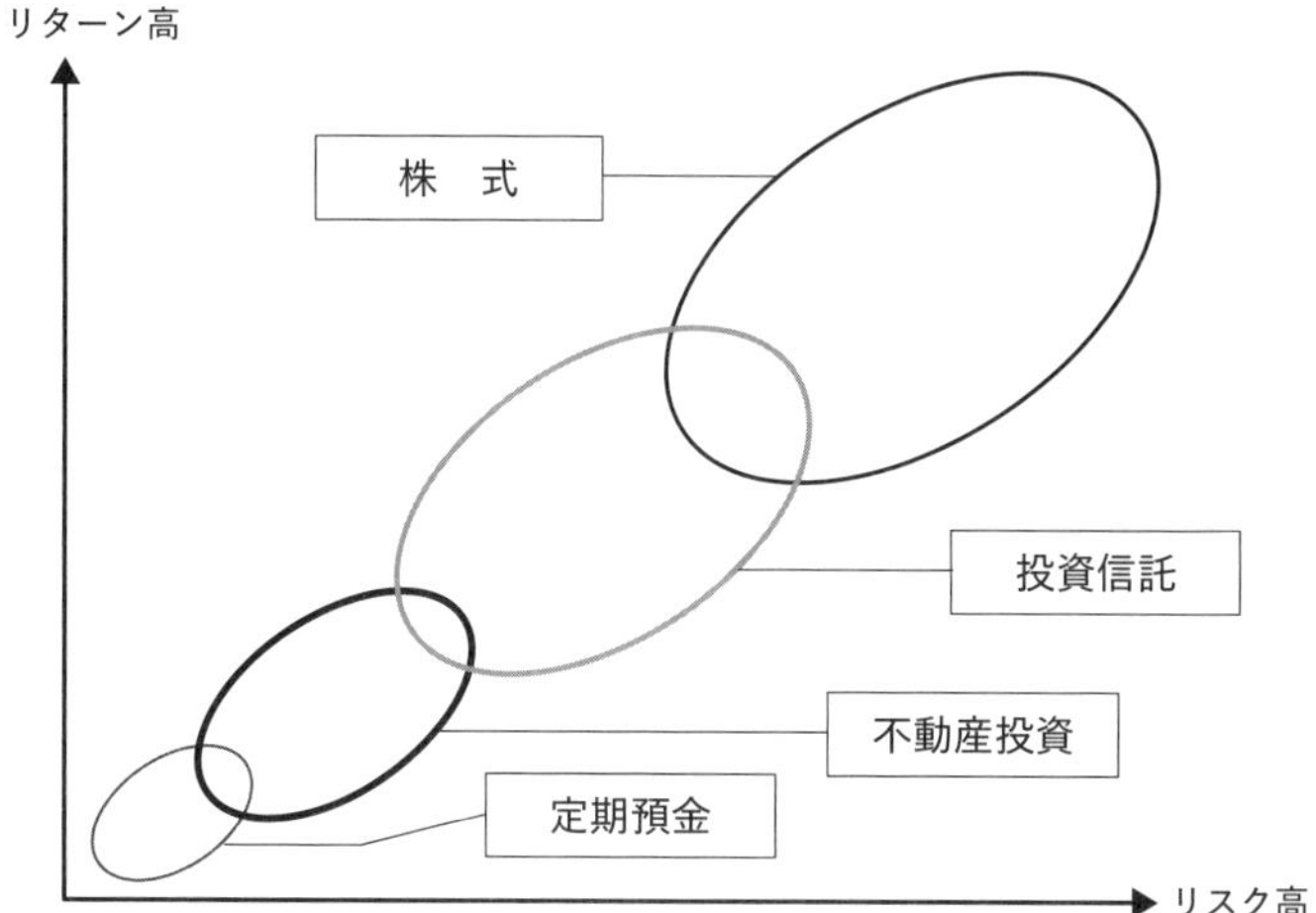

出典：著者による編集

将来何十倍の価値で売れるかもしれない」といった投資です。

事の真偽が定かではない噂のうちは土地の価格も安いので、大きなリターンが期待できます。しかし、実際に空港ができるかどうかは不確実性が高く、リスクが高い投資といえます。

これが空港計画が進み、「どうやら本当に空港ができそうだ」という頃（不確実性が低くなる）には、土地の価格が上がってしまっているので、最初の頃ほど大きなリターンは望めない投資となります。

銀座の一等地のビルなどは、空室リスクなどがほとんどない投資ですが、人口

図2　不動産投資におけるリスクとリターンの関係

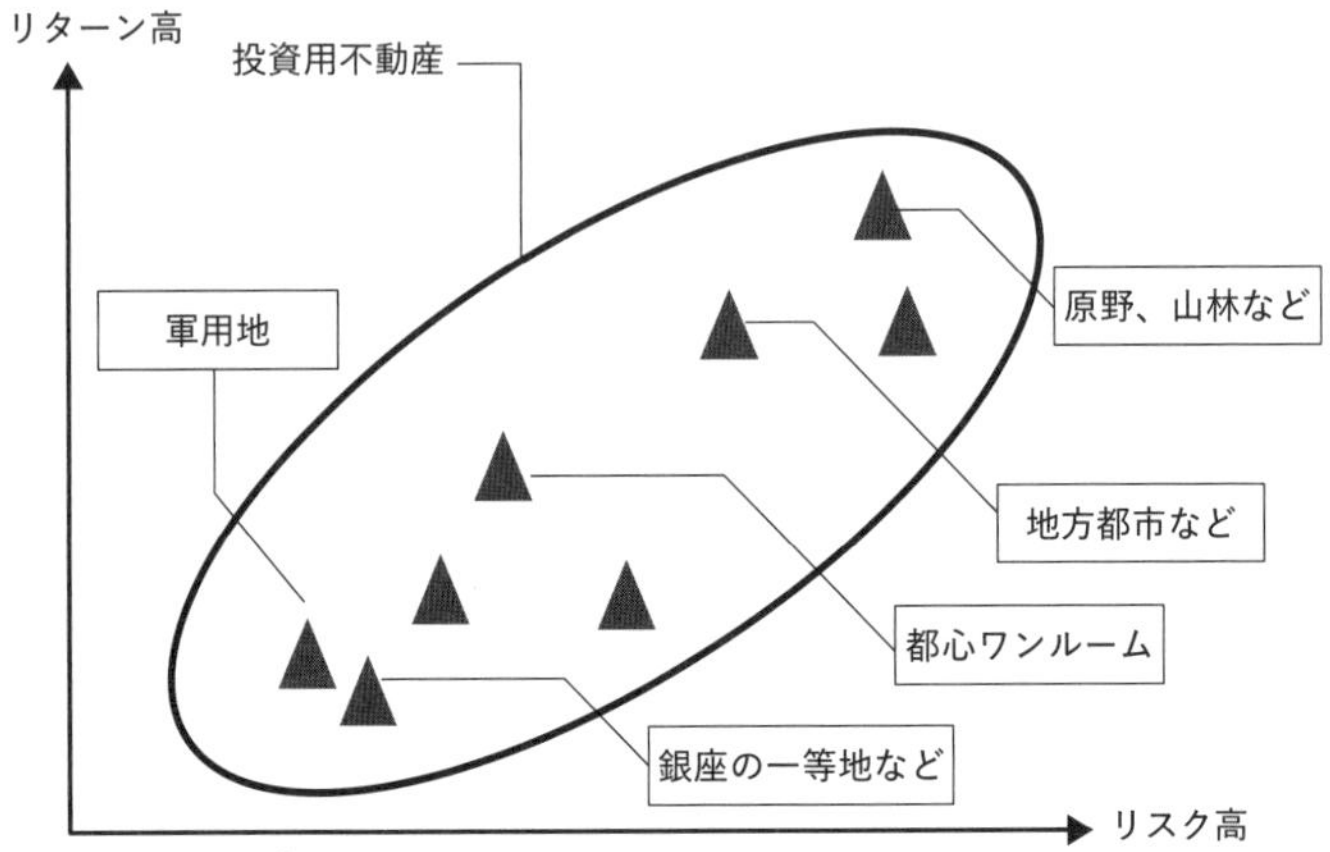

出典：著者による編集

の少ない地方都市での不動産投資のように利回りはよくありません。都心のワンルームマンション投資の利回りはその間くらいで、新築で3～4％程度です。

軍用地投資の利回りは現状2％弱と不動産投資の中では比較的低めです。利回りこそパッとしませんが、軍用地投資にはほかにはない魅力がたくさんあります。それをこれから説明していきましょう。

不動産投資と金融商品の良いとこ取りが最大のメリット

不動産投資の特徴は、安定性と収益性だといわれています。リスク面から見るとミドルリスク・ミドルリターンにあたり、ほかの投資と比較しても手堅い投資といえます。

不動産投資の運営上のリスクの一つは、空室です。このリスクを回避するために、空室になりにくい優良物件を選ぶことが大切だということは、不動産投資をしたことがある人なら誰もが知っていることでしょう。

銀座の一等地のビルには、老舗百貨店や有名ブランドショップなどの優良テナントがこぞって入居しているので空室はほぼありませんが、その分景気に左右されやすいので必ずしも安定はしません。軍用地以外の不動産投資は建物を「人」に貸して賃料を得るビジネスモデルです。建物の維持管理を怠ると老朽化につながり空室リスクが発生します。

その点、軍用地は空室になりにくい優良物件です。「日本の平和と独立を守る」という理念のもと、日本政府は米軍に継続的かつ安定的に施設を提供しなければなりません。つまり、急に「来月で賃貸借契約は終了、土地を返還します」といった事態は考えにくいのです。万が一、土地が返還されるにしてもその数年前に国からの説明やマスコミ報道があるので、返還後の土地の利用について計画を立てる時間もあります。さらに、政府は、返還後の跡地利用がスムーズに行えるよう沖縄独自の法律を制定しました。

さらに、一般的な不動産投資では、何もせずに購入時よりも利回りが上がるといったことはまれですが、軍用地投資では家賃＝軍用地料が年々上昇するので、利回りが年々上がります。不動産投資の中でも空室などのリスクがなく、黙っていても利回りが上がるのが軍用地投資。長期で安定的に利益が得られる〝究極のほったらかし投資〟なのです。

また、一般的な不動産は売却する際に時間がかかるもの。ほかの投資と比べて「流動性が低い」といわれます。ところが、手堅い投資として近年注目を浴びている軍用地は、「嘉手納飛行場」のような人気物件が売りに出されると数分で買い手が見つかるほどです。流動性が高く、金融商品と同様に換金性に優れているといえるでしょう。

このように、軍用地投資最大のメリットは、不動産投資と金融商品の良いとこ取りができることです。

借り手＝日本政府だから、超安心

通常、不動産投資を行う上での大きなリスクの一つは空室ですが、無事に借り手が決まったとしても安心してはいけません。なぜならその借り手がしっかりと家賃を払ってくれるとは限らないからです。

貸主にとって家賃が支払われないということは死活問題ですので、滞納者を追い出してきちんと支払ってくれる入居者を入れたいと思うのは当然です。しかし、実際に追い出せるかというとそう簡単にはいきません。借主は、「借地借家法」という法律によって手厚く保護されています。そのため、入居者に立ち退きを要請するには3か月以上の滞納実績が必要といわれています。賃料の不払いという契約違反があっても、それが「賃主と借主との間の信頼関係を破壊するもの」とはいえないのです。滞納者は出ていけといわれてもお金がないので行く場所がなく、催告を無視して居座ってトラブルになるケースも多いものです。

私は、軍用地のほかにアパートも経営しています。軍用地より利回りが高いことが魅力ですが、家賃の振り込みが遅かったり、退去後の原状回復費用が予想外に高くつくことがあって、非常に頭を悩ませます。不動産会社に管理を任せていますが、スマートフォンに管理会社からの着信があるときは、間違いなく悪い知らせです。

不動産投資には、こういった家賃滞納リスクはつきものです。しかし、軍用地投資には、当たり前ですが、家賃滞納リスクがありません。なぜなら、軍用地の借り手は日本政府だからです。

単利と複利の違い

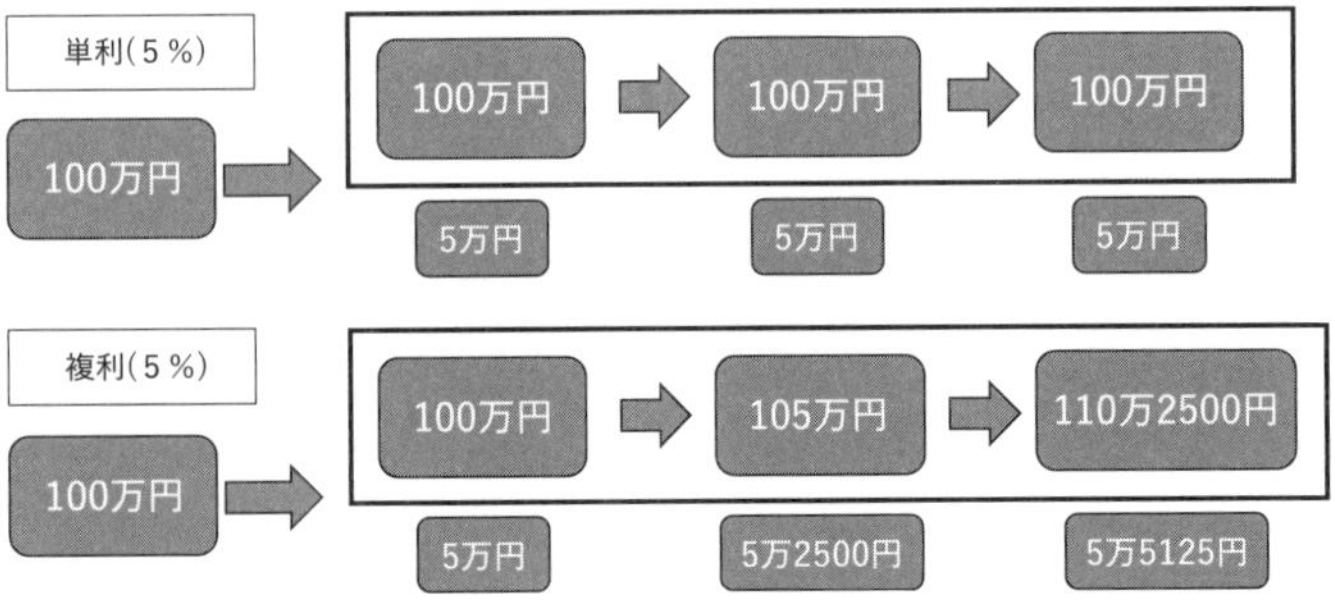

出典:著者による編集

在日米軍の基地に使用されている土地＝軍用地は、日米安全保障条約に基づいて、日本政府が地主と賃貸借契約を結んで借り上げ、地代として軍用地料を支払って米軍に提供しています。国（日本）と国（アメリカ）との約束が前提となっているので、その約束を破る＝滞納することは、国際問題に発展する重大事項となります。

これほど、信用できる「優良顧客」はほかにいません。借り手＝日本政府だから、超安心なのです。

アインシュタインも大絶賛！ 複利の法則

「人類最大の発明は複利（The most powerful force in the universe is compound interest.）」天才物理学者ア

軍用地料の推移（推移）

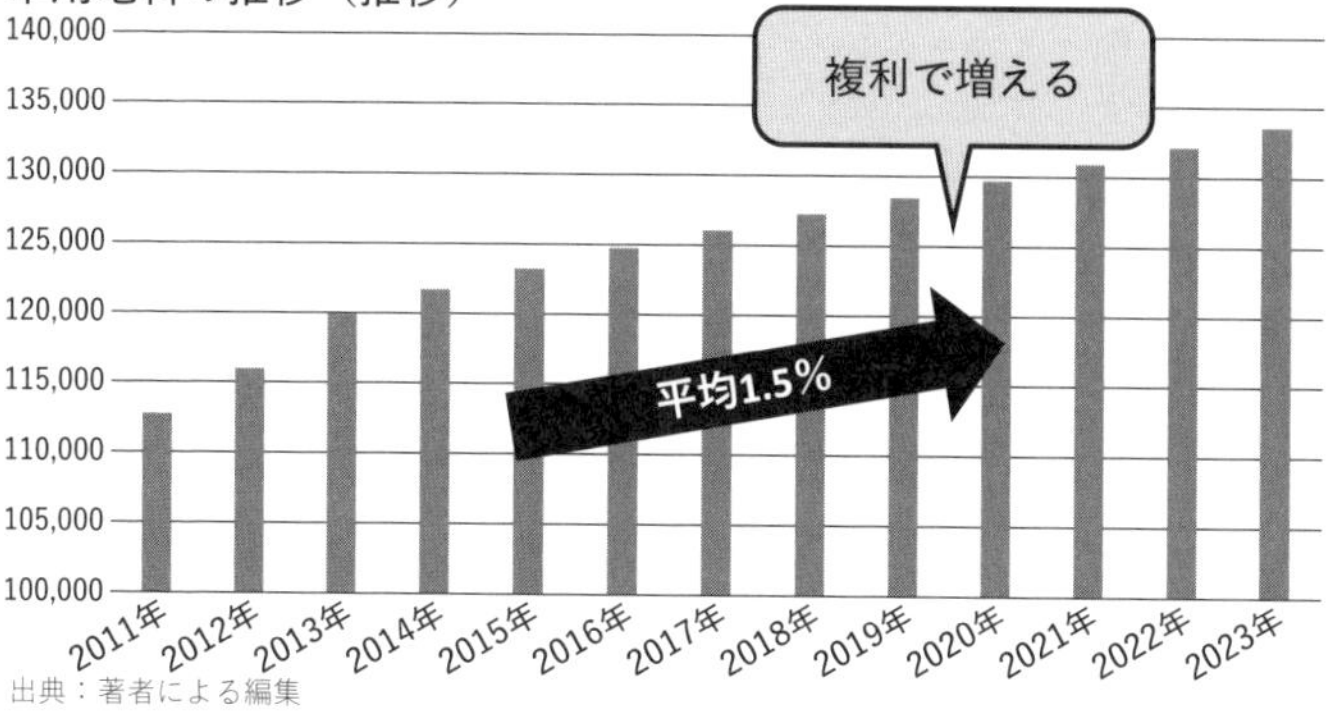

出典：著者による編集

インシュタインが「宇宙で最も偉大な力」と評したのが〝複利〟という概念です。

金利には単利と複利があります。金利が適用されるのは、単利の場合は「元本」だけ。それに対して複利は「元本＋金利」に金利が適用されるという考え方です。

現在は世界的に超低金利の時代。日本の預金金利0・01%程度では複利効果はほとんど期待できません。しかし、軍用地の地料は、土地連と防衛省との地料の交渉によって、その年の地料＋αが次年度の地料となることが決まっています。軍用地を持っている限り、半永久的かつ複利的に地料は増え続けていくのです。

ちなみに上のグラフは私が２０１１年に購入した25坪の嘉手納飛行場の軍用地料の推移を表したグラフです。２０１１年の軍用地料は、11万２７１６円でした。

軍用地料は年々上昇し続け、２０２３年には、13万３５７５円。年平均１・５％アップしたことになりますが、防衛省の予算が厳しいので、ここ５年では、約平均１・０％の上昇率に留まっています。

沖縄県は、２０２３年の県内地価を公表しました。新型コロナウイルスの影響緩和による回復傾向が見られたため上昇率は３・６ポイント拡大。用途別の変動率は、住宅地がプラス３・６％（前年２・０％）、商業地がプラス２・７％（同０・７％）、工業地はプラス14・１％（同18・２％）。いずれも全国平均を上回り住宅地と商業地は10年連続、工業地は11年連続の上昇。

そういった現状にもかかわらず、基地周辺の土地の実勢賃料は軍用地料の倍近くとなっています。あまりにも軍用地料が低すぎるため、土地連は地料算定の見直しを国へ求めており、その要望に応えて防衛省は毎年、地料を増額しています。これが、地料が複利的に増える理由です。また、11年後の２０３２年には、国と地主との土地の賃貸借契約を更新する時期にあたり、例年の倍以上の大幅な地料の増額が確実視されています。

ローリスクでミドルリターンが確定できる投資が軍用地

株式投資の場合、会社がなくなれば株の価値はゼロになります。しかし、軍用地投資でたとえば極東最大の空軍基地である「嘉手納飛行場」を購入した場合、現在のところ、返還されることは考えにくいです。たとえ、将来的に返還される軍用地を購入したとしても、そもそも土地はなくならないので無価値にはなりません。むしろ場合によっては返還決定後の方が価格が高騰することもあります。そして、国が遅滞なく支払ってくれる地料によって投下資金を着々と回収できます。これが軍用地投資がローリスクといわれる理由です。

この地料収入は年々一定の割合で上昇することから、軍用地を購入するとだいたいどのくらいの収益が得られるのかを高い確率で予測することが可能です。72ページのシミュレーションの表をご覧ください。地料10万円、年間の平均上昇率は先ほどの嘉手納飛行場の実例を基に平均１・０％、倍率を58倍と仮定します。倍率とは軍用地の販売価格を決める際の指標です。地料に倍率を掛け合わせた金額が販売価格になります。

計算してみると、購入時に５８０万円だった販売価格は15年後には７４４万円になるという結果が出ます。「15年で約３割しか上がっていないじゃないか」と感じる読者がほと

軍用地投資の収益シミュレーション

年数	軍用地料(万円)	倍率	販売価格(万円)
1	10.00	58	580.0
2	10.18	58	590.4
3	10.36	58	601.1
4	10.55	58	611.9
5	10.74	58	622.9
6	10.93	58	634.1
7	11.13	58	645.5
8	11.33	58	657.1
9	11.53	58	669.0
10	11.74	58	681.0
11	11.95	58	693.3
12	12.17	58	705.8
13	12.39	58	718.5
14	12.61	58	731.4
15	12.84	58	744.6

出典:著者による編集

※地料は年1.0%上昇、倍率は変わらないと仮定

んどかもしれません。ですが、私が説明したいのは、そんなことではありません。軍用地は自分でシミュレーションした価格で購入さえできれば、リスクは極小でありながら、一定割合のリターンを確実に得ることが可能だといいたいのです。

実際に、軍用地は現在までのところ、地料が右肩上がりでほぼ確実に購入した金額以上で売却できる状況が続いています。私が軍用地投資を選んだ理由は、この「安定した確実性」にあります。

ほかの不動産投資ではそうはいきません。入念なシミュレーションをして希望価格で購入できたとしても、確実にそのシミュレーション通りに利益が得られるかというと、そう簡単ではないでしょう。一般的な不動産投資では、時間の経過とともに建物が劣化するため、購入時よりも家賃が下落して利回りは悪くなり、物件価格も下落していくものです。

さらに、前述のとおり、土地の価格は、新型コロナウイルス禍やリーマンショックなどの影響に左右されやすく、下落の可能性も否定できません。

事実、軍用地もコロナ禍の影響や、他の金融商品に投資家の注目が集まり、価格は下がっていますが、地料は上がっています。ということは、利回りがアップしているので、それを狙う投資家や新規参入者が増えてきたことから、小幅な下落となっています。投資家や不動産会社の間では、軍用地の価格は、いずれ盛り返すだろうというのが衆目の一致するところです。

軍用地を所有し続ける限り利回りも価格もアップし続けると睨んでいるのです。本来あり得ないはずの「ローリスク・ミドルリターン」の投資が目の前にあったら、あなたはどうしますか。当然、投資したくなるのではないでしょうか。だから私は、軍用地投資を続けています。

軍用地以外の底地は買ってはいけない！

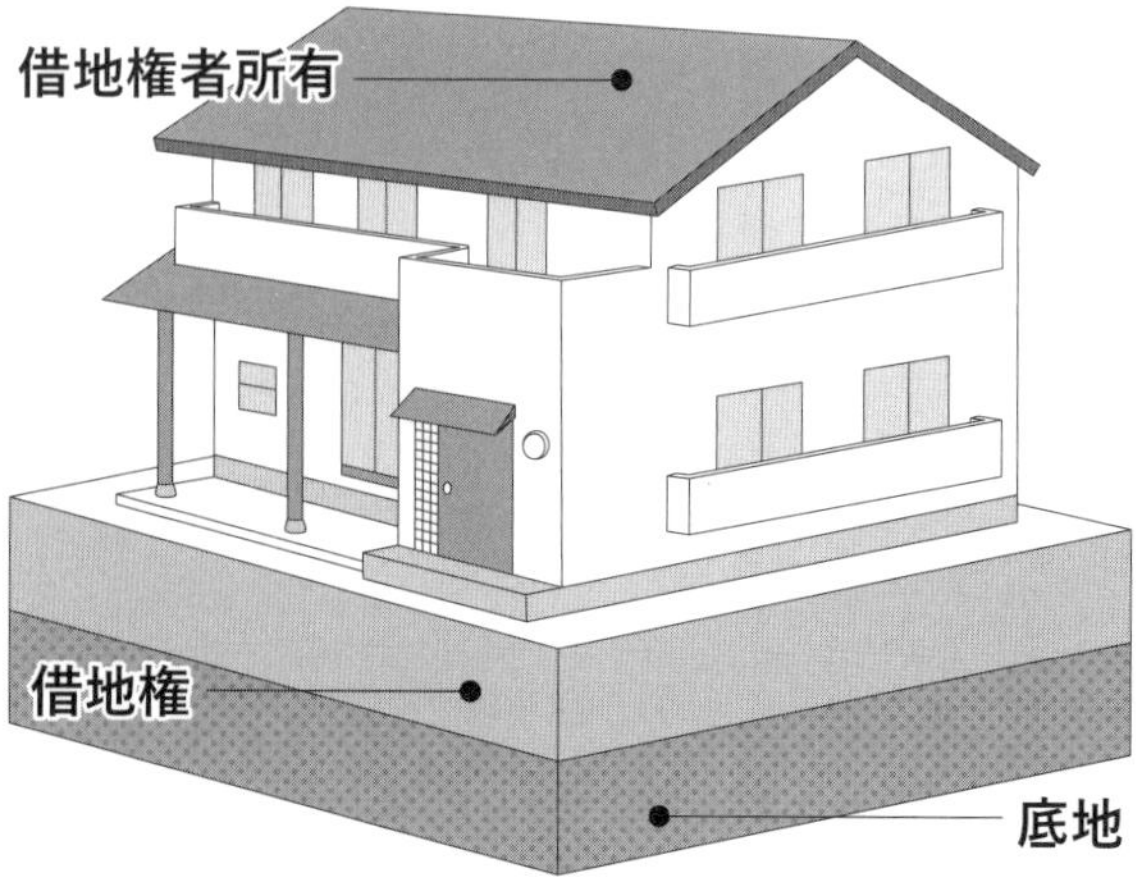

私の友人が、親から土地を相続したと思ったら、底地だった。

インターネットの物件情報でめちゃめちゃ安い土地を見つけたけど、底地って書いてある。

「所で底地って何？」底地を相続した方であっても、そもそも底地が何か良く分かっていない方も多くいます。図のとおり、底地とは、「借地権が設定されている土地」のことです。

つまり、底地の所有者は地主として、土地を誰かに貸すことで賃料（地代）や更新料などを得られます。また、土地を借りている借地人が、第三者に借地権を売買する際は所有者の許可が必要であり、売買契約が成立したときは承諾料も得ることも可能です。

底地を所有するメリットは、メンテナンス不要で定期的に地代収入が得られることです。借地の更新の時には更新料、借地の売却の時は譲渡承諾料、借地上の建物の建て替えの際は建て替え承諾料が得られるというメリットがあります。一方、デメリットもあります。地代の値上げ交渉が難しいことです。国内の底地の多くは、１９９２（平成４）年まで施行されていた旧借地法下で賃貸借契約を結んだ土地です。旧借地法が制定されたのは大正時代なので、その頃と比べると、経済は発展し、物価や底地周辺の土地の価格も上昇しています。

しかし、土地の賃貸借期間は20～30年と長く、旧借地法や借地借家法で契約の自動更新を認めているために、地代の見直しを図りたくても、なかなかうまくいかないところがあるのが実情です。さらに、底地を購入しても土地を自由にできない場合がほとんどなので、需要が少なく売りにくくなっていることから、銀行の融資は厳しいと言われています。

私の知り合いの地主によると、地価の上昇に伴い、課税額も上がってしまったそうです。課税額の上昇を理由に、地代を上げようと借地権者に交渉しても、思い通りに地代を上げることは難しいようです。固定資産税を差し引くと、ほとんど手元にお金は残らないと知人の地主は、愚痴をこぼしていました。

沖縄には、うるま市の石油精製基地や、南風原町のイオンショッピングモールの底地が、売りに出ていますが、地代はほとんど上がっていません。地代が上がったとしても、数十年に一度あるかどうかと言われています。

それは、当然です。底地の借主である石油精製基地やイオンショッピングモールは、業績に左右されるので、地代の値上げは厳しいです。当然、民間企業は、倒産することもあります。一方、軍用地は、防衛省が借主です。日米安全保障条約上、日本政府は、在日米軍へ施設や区域を提供する義務を負っているので、必ず、防衛省は、地主と賃貸借契約を締結しなければいけません。

また、軍用地は、国から毎年、定期的に借地料が入ってくることから、沖縄の銀行は、軍用地主を優良資産として評価しています。なので、銀行は、軍用地主にお金を貸したがります。軍用地主は、そのお金を投資に回して、お金がお金を産む仕組みを作っています。

だから、私は、軍用地以外の底地には、投資をしてはいけないと断言できるのです。

第3章

初心者が軍用地投資を行うための準備

軍用地投資を始める前に

まず、はじめに断っておきます。軍用地投資を始めたからといって、すぐにお金持ちになれるわけではありません。キャッシュフローも多くは出ません。巷にあふれる景気のいい不動産投資話とは一線を画しています。

「簡単に稼げる！」「誰にでもできる、家賃収入○億円」を願う人は、今すぐ本書を閉じ、他の投資本を購入することをおすすめします。

前述したとおり、軍用地投資は安全保障条約上、日本政府が米軍に基地を提供する義務を負っているため、土地の賃貸借契約を結んで地主に使用料として地料を支払う仕組みによって成り立っています。地主は地料の滞納や土地の管理に悩む必要はありません。

また、この地料は、土地連と政府との交渉により毎年上がることになっているので、軍用地を所有している限り、半永久的に地料が複利的に増えていきます。長く保有すればするほど、黙っていても平均利回りが上がっていくのが軍用地投資です。

軍用地投資は長期運用を前提とすれば、ほぼ確実に「ローリスク」で「ミドルリターン」を得られる投資法です。「ローリスク」である分、リターンも販売価格に対する地料の利回りが2%程度と高くないので、融資の借り入れによる金利上昇リスクを極力抑えなければなりません。それには、まずは現金で軍用地を買うことをおすすめします。安いものでは販売価格300万円台から購入ができます。

最近では、ユーチューブで軍用地が取り上げられるなど全国的に軍用地投資の認知度が上がってきました。3年前の過熱傾向は落ち着きつつあるものの、優良物件に対する買い付けのスピードは以前と変わりません。

相続税の納税資金の確保や借金返済のため、売り急いでいる嘉手納飛行場などの現状、返還予定がない米軍基地では、金額の大小にかかわらず即時に決まってしまいます。地元投資家の間では、いわゆる「瞬殺」で買主が決まったという話も出るくらい、水面下の激しい争奪戦が繰り広げられているのです。

とはいうものの、そんなにおいそれと優良物件は回ってはきません。ですから、現金で買える範囲内の物件を決めることが何よりも先決です。まずは米軍基地の場所を吟味してください。それぞれの資産状況や年齢によって、嘉手納飛行場などの返還されにくい施設、逆に牧港補給地区などの返還予定地で跡地利用が見込める施設、相続税対策なら固定資産税評価額が低いキャンプ・ハンセンなどです。

嘉手納飛行場

出典：沖縄県地図情報システムを基に著者が編集

嘉手納弾薬庫地区

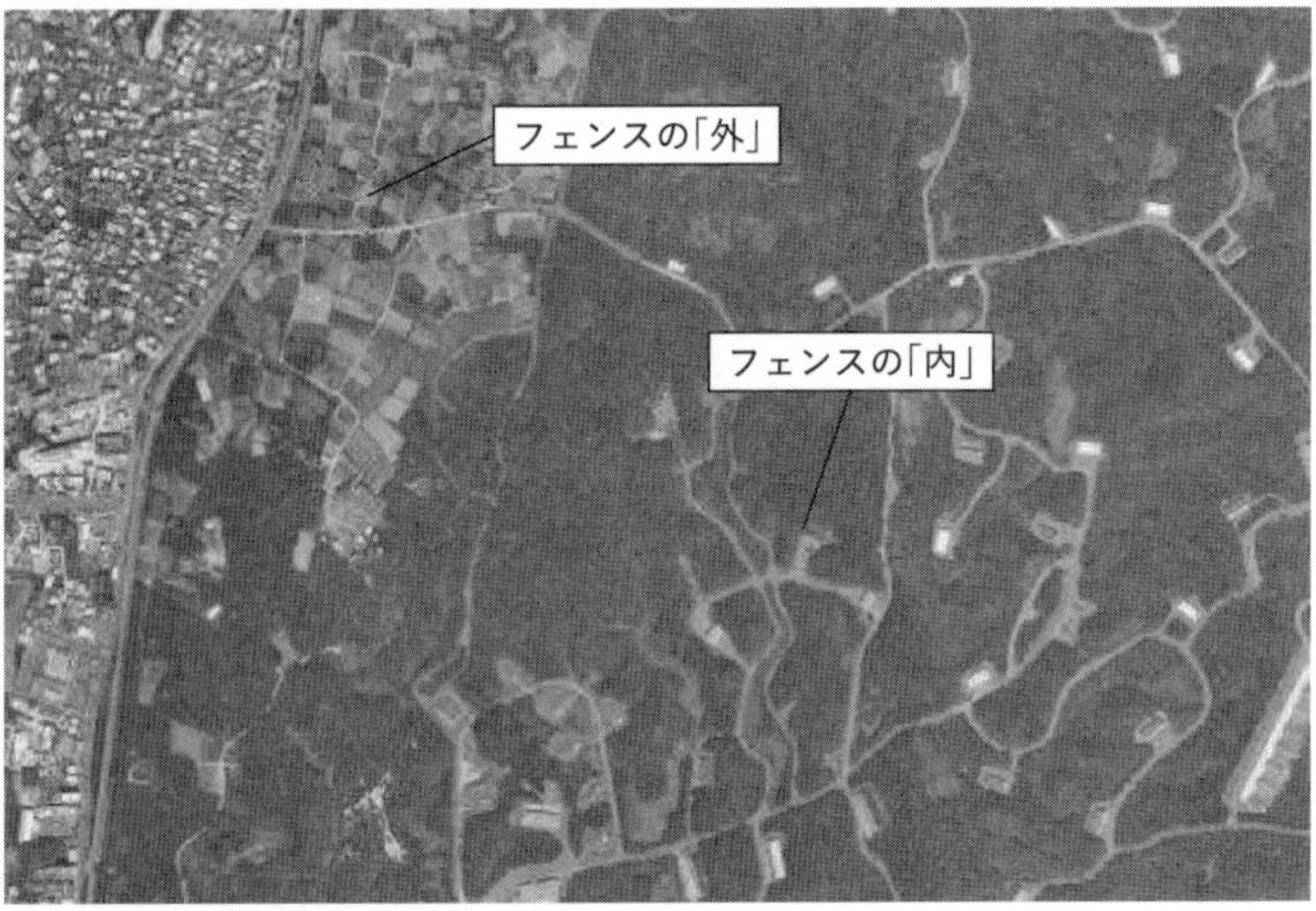

出典：沖縄県地図情報システムを基に著者が編集

また、嘉手納飛行場や普天間飛行場の「滑走路上」、嘉手納弾薬庫地区などのフェンス「内」・「外」という文言が不動産会社の物件情報に記載されています。確かに滑走路は、飛行場に欠かすことはできないもの。同じ飛行場内の土地より高く取引されています。また、フェンス「外」より「内」の方が、返還リスクが低いということで、「内」の方が人気があります。ですが、一概にそうとはいえません。実際に「外」でも国道に接している需要の高い土地を地主に返還したことがあるくらいで、必ずしも不利益ではなく、むしろ国道事務局が高い価格で買い取ることが多いようです。

特に、初めて購入する人で予算が少なければ、それらの文言は無視してください。そんな文言に惑わされていては、いつになっても買うことができないからです。

それは資金が潤沢にある人が考えることです。将来売却するときに、他の物件と差別化（プレミア）して、高く売るときに役に立つからです。ですが、プレミアがあろうがなかろうが、軍用地料の１㎡当たりの単価は同じです。

とりあえず軍用地を買って、まず地主になることが先決です。販売価格が小さければ、その分、購入者層は広くなるので、購入しようと手を挙げても、先に買われているでしょう。そのためにも、予算内で狙っている物件が出てきたら、判断を見誤ることがないよう十分な知識を蓄えましょう。それに必要不可欠な知識をこれからご説明したいと思います。

軍用地投資は、今が始め時の理由

84ページのグラフは、公益社団法人 沖縄県不動産鑑定士協会が公表した「第18回沖縄県不動産市場 DI レポート」です。

DIとは、Diffusion Index（ディフュージョン・インデックス）の略で、現況や先行きの見通しを判断する指数です。例えば、地価動向について、「上昇傾向」と感じている不動産会社の割合から、「下落傾向」と感じている不動産会社の割合を引いた指数です。令和2年5月頃のコロナウイルス感染拡大による緊急事態宣言以降、住宅地、商業地、軍用地は、総じて下落傾向にありました。徐々に、住宅地や商業地のDI値は、上昇傾向にあります。軍用地は、まだ下落傾向ですが、徐々にDI値のマイナス幅は小さくなっています。

軍用地が、住宅地や商業地と比較して、DI値がマイナス値を抜け出すことができない最大の理由は、投資家が軍用地を金融商品の一種として見ているからだと思います。

２０２０年４月、日経平均株価は急落しました。政府は大規模な金融緩和や景気対策を実施、株価は底入れしました。２０２３年６月19日には、３万３７７２円89銭。年初来高値を更新しました。投資家には、株価が上がれば上がるほど強気になり、株を買いたくなる傾向があります。そのような投資家の行動心理が、軍用地の相場に大きく影響しています。

今年４月以降、株式市場の高値圏に危機感を感じた投資家から、一部の株式を売却し、安定資産の軍用地へ資産を組み替える動きが増えてきました。

軍用地売買に長く携わっている先輩によると、株が上がると軍用地は下がるから、今は、「その時」だから心配しなくても良いとアドバイスしてくれました。相場の格言にもあるとおり、今が、軍用地投資の始め時かと思います。

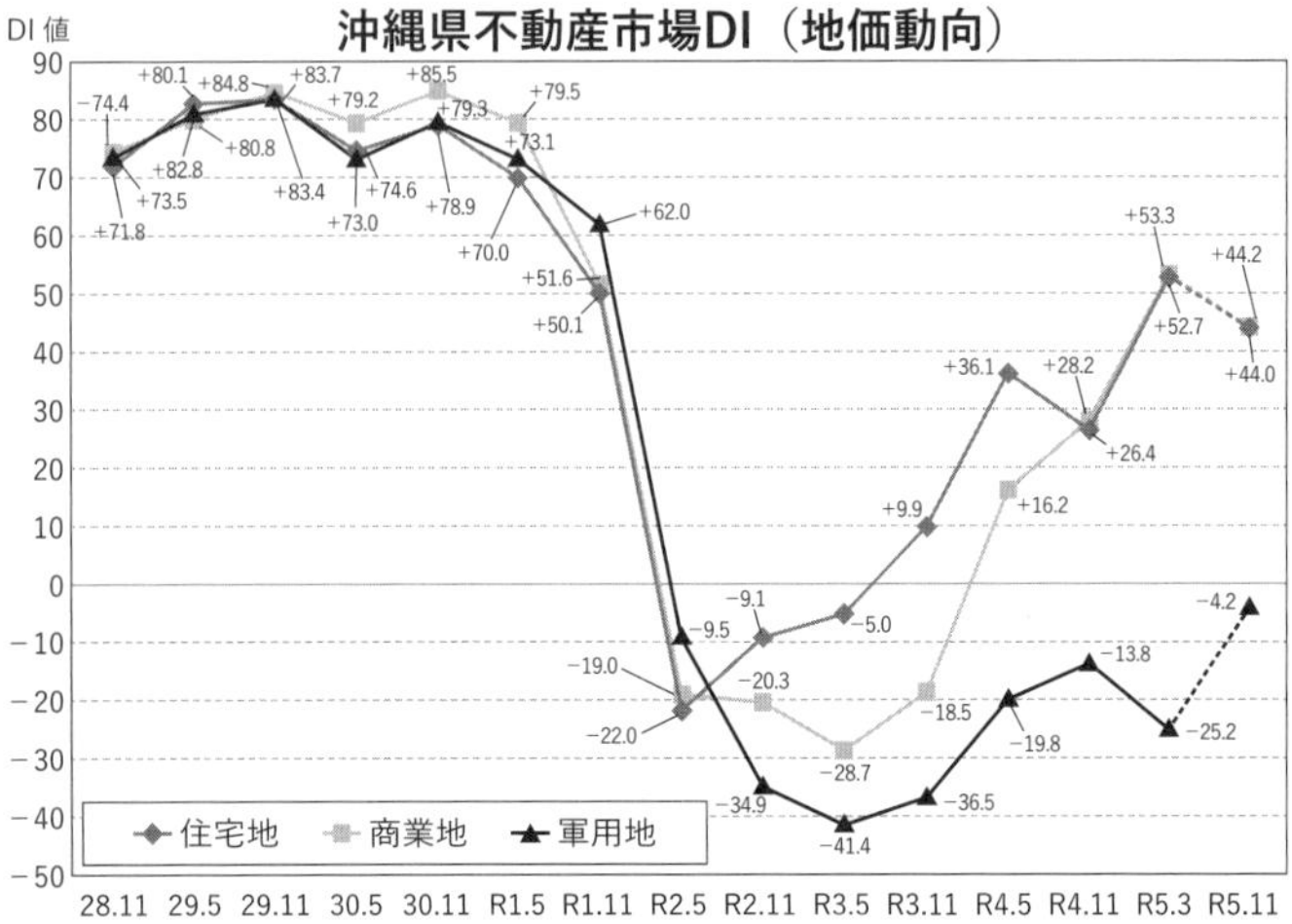

引用：公益社団法人 沖縄県不動産鑑定士協会　第18回沖縄県不動産市場 DI レポート

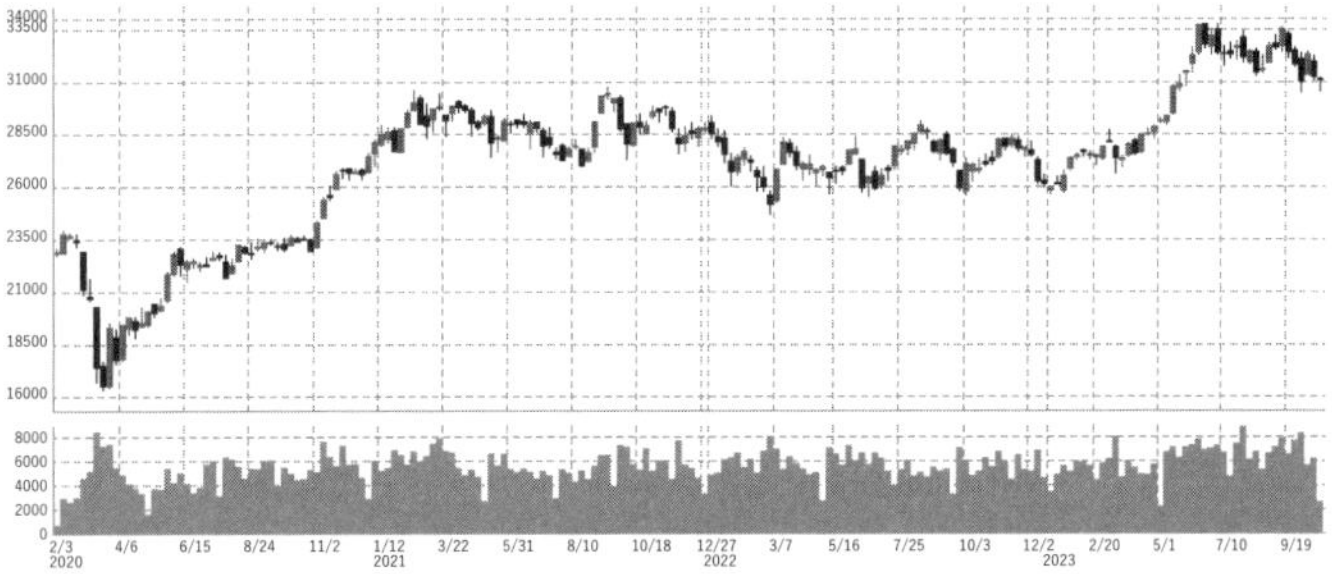

引用：著者の編集　2020年2月3日から10月24日までの日経平均株価の推移

大切なのは「立地、立地、立地」!?

一般的な不動産投資において最も重要なのが「立地」選びだということは、多くの人が認めているところだと思います。立地は、その物件の入居率を左右するだけでなく、景気の上昇による資産価値の値上がりにも影響するため、買うときも売るときも重要な条件です。元アメリカ大統領のドナルド・トランプ氏は、ご存じのとおり〝アメリカの不動産王〟ですが、彼の名言として「不動産に重要な事柄を３つ挙げると、１に立地、２に立地、３に立地だ」という言葉を聞いたことはないでしょうか。アメリカの不動産王でさえ、不動産投資において立地に勝るものはないといっているのです。

もちろん、軍用地投資においても立地の選定は重要なポイントです。しかし、現在、軍用地投資は、一時期の過熱化は沈静しましたが、米軍施設ごとに人気にばらつきがあります。前述したように、初めて購入される方にとって、３００万円以下の少額物件の場合、売り物件自体の数が少ないので、ある程度価格の面には、目をつぶらなければ購入はおぼつかないのが現状です。

もちろんだからといって、立地について知らずにいていいというわけではありません。

軍用地における立地とは、どの米軍基地（施設）なのかということ。結論からいうと、「現状、返還予定がない米軍施設」と「軍用地料の値上がり率の高い〝宅地見込み地〟」の両方に当てはまる軍用地が「好立地」ということができます。

第1章でも書きましたが、2013年4月、日米両政府は「沖縄における在日米軍施設・区域に関する統合計画」に合意しました。沖縄県内で人口の多い、嘉手納飛行場以南にある米軍6基地の各施設を再編統合するという内容です。これまでも説明してきましたが、軍用地投資の肝は長期運用にあります。軍用地を持っていれば、軍用地料は毎年値上がりするので、購入価格に対する利回りが上がり続けます。これは、他の不動産にはあり得ないことです。つまり、軍用地の利益を最大限に享受するには、返還予定がない基地を選ぶのが正解ということになります。

88ページの丸で囲った部分をご覧ください。沖縄本島中部で嘉手納飛行場以北の米軍基地、所在地でいうと、沖縄市、嘉手納町、読谷村、うるま市が好立地であるということができます。

軍用地の価格を決める「倍率」は、現状返還予定がない嘉手納飛行場などの米軍基地ほど高くなる傾向にあります。しかし、ここ最近、返還予定地の牧港補給地区が返還真近となり、注目度がアップしてきました。返還期日はまだ決まっていませんが、再開発で地価が上昇するだろうと見る不動産会社もあります。今では、嘉手納飛行場より牧港補給地区の倍率が高くなっています。私は10年以上前から軍用地投資を行っていますが、返還予定基地は、返還真近になると、販売価格は、「倍率」よりむしろ、「坪単価」つまり、近傍の土地の価格に左右されると見ています。このことは、軍用地業界に関わる者なら、誰でも知っていることです。

第5章で詳しく説明しますが、嘉手納飛行場と牧港補給地区の金融機関による担保評価は同じです。したがって、軍用地収入を目的とする利回り重視ならば、嘉手納飛行場を購入する方が割安ということができます。しかし、跡地利用の再開発を見込んで「果実」を享受したいのであれば、牧港補給地区を購入する考えもあります。どちらを選択するのかは、個人の考え一つで変わります。

「好立地」の軍用地

北部訓練場
伊江島補助飛行場
奥間レスト・センター
八重岳通信所
北部
キャンプ・シュワブ
キャンプ・ハンセン
辺野古弾薬庫
トリイ通信施設
嘉手納弾薬庫地区
金武ブルー・ビーチ訓練場
天願桟橋
金武レッド・ビーチ訓練場
キャンプ・コートニー
陸軍貯油施設
中部
キャンプ・マクトリアス
キャンプ・シールズ
ホワイト・ビーチ地区
津堅島訓練場
泡瀬通信施設
南部
嘉手納飛行場
キャンプ桑江
キャンプ瑞慶覧
普天間飛行場
牧港補給地区
那覇港湾施設

次に、「軍用地料の値上がり率の高い〝宅地見込み地〟」についてです。

宅地見込み地とは、農地地域、林地地域などから宅地地域へと転換しつつある地域にあって、宅地への転用が法律的にも実態的にも可能な土地をいいます。現況が山林でも、近隣地域に住宅が建ち、住宅の建設に適した土地であれば、宅地見込み地となるのです。つまり、宅地見込み地は将来的に宅地となる可能性が高く、土地の評価も上がることが容易に想像できます。

土地連の会員組織である地主会に加入すると、地主会から米軍基地の軍用地単価一覧表が郵送されてきます。そこには、宅地、雑種地、農地、山林などの地目ごとに分類された単価が記載されています。しかも、前年度と比較して、何％上昇したのか一目で分かるようになっています。

91ページの施設・所在地別単価一覧表をご覧ください。私が所有している沖縄市内の嘉手納弾薬庫地区の宅地見込み地の１㎡当たりの単価は、２０２２年度１２１４・28円から２０２３年度１２３０・35円と１・32％の上昇。一方、宅地は１７８２・94円から１７９１・05円と０・45％の上昇で、宅地見込み地の上昇率に比べると約３分の１しかありません。また、同じ沖縄市内の嘉手納飛行場宅地見込み地でも、１㎡当たりの単価が１６７２・

81円から１６９０・83円と１・08％上昇しているのに対し、宅地は２００３・04円から２０１０・80円と０・39％の上昇。やはり宅地見込み地の上昇率に比べると約３分の１しかありません。

宅地見込み地と宅地を比べると、地料の１㎡当たりの単価そのものは宅地の方が高いものの、上昇率は宅地見込み地の方が高いことが一目瞭然です。上昇率が高ければ高いほど、利回りは上がっていくので、「軍用地料の値上がり率が高い〝宅地見込み地〟」は狙い目なのです。

嘉手納弾薬庫地区の読谷村をご覧ください。読谷村の宅地見込み地の上昇率が際立って高い数値を示しています。読谷村は沖縄本島中部、西海岸に位置します。那覇空港より、58号線を北上して約60分で到着します。名所、旧跡としては世界遺産の座喜味城跡（琉球王国のグスク及び関連遺産群）、残波岬などがあります。

読谷村の人口は約４万２千人。日本一人口の多い村で、県外からの移住者も多く、人口増加が見込める地域です。同村の嘉手納弾薬庫の返還跡地の一部で、国道58号の東側に広がり、区画整理が２００９年度から進められています。国道沿いには飲食店などがオープンし、大型商業施設も完成しています。国道を挟んで東西に広がる静かな住宅地で、利便

施設・所在地別単価一覧表

施設	所在地	種別	2022年度 円／㎡	2023年度 円／㎡	上昇率（%）
嘉手納飛行場	嘉手納町	宅地	1,782.94	1,791.05	0.45
		宅地見込地	1,294.25	1,312.39	1.40
	沖縄市	宅地	2,003.04	2,010.80	0.39
		宅地見込地	1,672.81	1,690.83	1.08
	北谷町	宅地	2,003.04	2,010.80	0.39
		宅地見込地	1,672.81	1,690.83	1.08
嘉手納弾薬庫地区	嘉手納町	宅地	1,765.08	1,771.96	0.39
		宅地見込地	1,123.04	1,145.87	2.03
	沖縄市	宅地	1,782.94	1,791.05	0.45
		宅地見込地	1,214.28	1,230.35	1.32
	読谷村	宅地	1,753.81	1,759.87	0.35
		宅地見込地	720.49	742.30	3.03
	うるま市	宅地	1,101.57	1,109.69	0.74
		宅地見込地	820.40	836.70	1.99
	恩納村	宅地	843.37	846.65	0.39
		宅地見込地	311.78	325.82	4.50

出典：著者による編集

令和5年度土地賃借料単価について

施設名	支払種別	令和4年単価(円/㎡)	令和5年単価(円/㎡)	アップ率
嘉手納弾薬庫	宅　　地	1,765.08	1,771.96	0.39%
	宅地見込地(1)	○○○	△△△	□□□%
	宅地見込地(2)	○○○	△△△	□□□%
	農地見込地(旧・山林)	265.00	266.93	0.73%
合　　計		○○○	△△△	**□□□%**

加重平均上昇率

性が良くファミリー層に人気。したがって、土地の評価も下がることなく、軍用地料も徐々に上がり続けていくともっぱらの評判で、同村の嘉手納弾薬庫は他の市町村に比べて、高い倍率で取引されています。

返還予定の軍用地は買い？

先ほども触れましたが、最近、返還予定の浦添市の牧港補給地区、宜野湾市の普天間飛行場、北谷町のキャンプ桑江及びキャンプ瑞慶覧の軍用地を購入する投資家が増えています。その理由は、これらの返還予定地は沖縄の大動脈である国道58号沿いに位置しており、区画整理されれば県内の一等地に生まれ変わるといわれているからです。

また、返還後は政府が責任を持って危険物質を取り除いた上で、所有者に土地を引き渡すことになっています。その引き渡しから3年間は、給付金として軍用地料が支給され、さらに区画整理事業の認可で土地の使用・収益が見込まれる時期までは特定給付金がもらえるという厚遇ぶり。これは、他県の返還予定地にはない、沖縄だけの特権です。それも相まって、返還予定の軍用地の相場は高止まり傾向になります。返還予定の軍用地への投資は、返還後の跡地利用計画と予算の裏付けがあってこそ。現在、それらの返還予定地は、沖縄県、市、町が共同で計画策定に取り組み、学識経験者や地権者、県民・市民、関係機関などと一緒にどうしていくかを考えています。跡地計画には、リゾート、医療、商業施設などを建設するという絵が描かれているそうです。

嘉手納飛行場

嘉手納飛行場は、沖縄県本島中部の嘉手納町、沖縄市、北谷町にまたがっており、約3,700mの滑走路を2本有する極東最大かつ最も活発な米空軍基地。3市町村の振興開発の妨げになっているばかりでなく、航空機騒音により住民生活に悪影響を与えている。

牧港補給地区

牧港補給地区は、浦添市の国道58号から西側の海岸までの南北3km、東西1kmに及ぶ広大な兵站補給基地。同施設は那覇新港や卸商業団地が所在する西海岸と国道58号に囲まれ、中南部の要路に位置するなど、地元浦添市をはじめ沖縄県の振興開発にとって重要な空間を占めている。

しかし、計画が決まったとしても、その計画を実行するには、民間資金はもちろんのこと、多額の税金の投入が必要です。この跡地利用計画には国の財政支援が確約されていますが、日本政府の予算は歳出が大きく歳入の約半分を国債発行による収入で占めています。２０２２年度、すでに国債の利払いだけで税収の24%以上となっており、社会保障費の抑制など歳出削減が急務となっています。さらに新型コロナウイルス禍に伴う経済対策を実施したことで赤字が急増。そのような財政状況が、今後好転するとは考えられません。そんな中で政府がこれらの跡地利用計画にどれだけの予算を割くのかは未知数だといえます。

また、国立社会保障・人口問題研究所「日本の地域別将来推計人口」によると、これまで沖縄県の総人口は増加ベースで推移してきましたが、２０２５年前後にピークを迎えた後、減少に転じるものと見込まれており、人口減少社会となることが予測されています。人口減少が確実な沖縄に新たな商業施設など必要でしょうか。

このように見てみると、「返還後の地価は倍に上がる」という過度の期待は禁物だと考えています。

普天間飛行場

普天間飛行場は、宜野湾市の中央部に位置しており、世界一危険な基地ともいわれている。地域の振興開発の障害となっているだけでなく、航空機騒音の発生や航空機事故の危険性など、沖縄県民の生活に大きな影響を与え、「米軍基地問題の象徴」とされている。

返還予定地の小規模物件は注意しよう

牧港補給地区や普天間飛行場、キャンプ桑江、キャンプ瑞慶覧などの返還予定のある軍用地は、前述のとおり跡地利用を見込んで高値で取引されています。

しかし、30坪未満の小規模物件は購入すべきではないと私は見ています。なぜなら、基地返還後の土地区画整理事業により、土地の面積は「減歩《げんぷ》」されるからです。

「減歩」とは、道路を拡充したり公園を整備するための用地を土地区画整理事業区域内の土地所有者が平等に提供すること。法律によって定められているもので、事業によってその土地の評価が上がるので、受益者となる土地の所有者に損失が生じないという考えに基づくものです。ある不動産業者から聞いた話では、減歩の割合は住宅地なら30～40％、商業地の場合は50％にもなることがあるようです。

たとえば、自分の土地が１００坪あると仮定すると、区画整理後には50～70坪になってしまうということです。

所有している軍用地が返還後に住宅地になるとすると、面積が30坪の場合、減歩後の面積は18～21坪ということになり、住宅を建てるのは困難となってしまいます。減歩後に戸建て用地として30坪程度確保するためには少なくとも40～50坪は欲しいところ。沖縄では30坪未満の土地を活用することは非常に厳しいので、返還前に売却するか返還後に隣地の所有者に売るか、事業予定者に賃貸するかしか、出口は残されていません。

浦添市は、一括交付金を活用して、跡地利用を推進するため、牧港補給地区を返還前に地主の求めに応じて、買取を行っています。市の担当者に聞いたところ、市へ売却する地主のほとんどが小規模の土地の所有者でした。２０２０年のコロナ禍の影響で、３年に一回の固定資産税評価額の見直し時期にあたる令和3年は、評価額が下がることが確実視されていたため、評価額が高いうちに売り抜けようとして、応募が殺到していたそうです。

キャンプ瑞慶覧

キャンプ瑞慶覧は、沖縄本島中部の沖縄市、宜野湾市、北谷町、北中城村にまたがる広大な地域に位置。海兵隊の中枢機能である司令部や事務所が置かれるほか、日常生活に必要な住宅や学校、銀行、診療所などがあり、一つの街を形成している。

那覇湾港施設

県庁所在地那覇市の玄関口に位置。移設条件つきで全ての軍用地の返還が合意されながら、合意から25年以上経過した現在でも返還が実現していない。移設先として浦添市が受け入れを表明したことにより、現在、移設作業が進められている。

また、担当者は、大規模な土地は、返還後は資産価値が上がると見込まれるので、市に売らずに所有し続けた方が賢明だと教えてくれました。

以上のとおり、小規模用地の場合、減歩された土地の面積によって出口戦略が大きく左右されてしまうので、返還予定地の小規模物件は控えるべきです。

共有物件は危険⁉

軍用地の共有物件に課税される固定資産税は、共有者全員が共同で支払います。

そもそも、共有物件とは、１つの土地を複数人が共同で所有している状態の土地のことをいいます。つまり、土地の所有権を複数の人が持っている状態です。

一般的には、夫婦、親子、相続によって兄弟・親戚と共有名義となっていることが多いです。通常、軍用地の共有物件は固定資産税の分割納付が一般的です。

分割納付を申請するには、役所の税務課から、共有分割申請書又は固定資産税の按分申出書を入手します。税務課が共有者の面積の持分毎に、固定資産税を按分して、各共有者へ固定資産税納税通知書を発送し、各共有者が納税します。原則は、共有者の代表者が、各共有者の同意を得て、申請することになります。

共有物件を購入すると、既に固定資産税が共有分割されているケースがほとんどなので、何ら心配することはないでしょう。しかし、ある共有者が固定資産税を支払おうとしない場合、他の共有者が固定資産税を立て替えなければなりません。

なぜなら、地方税法10条の2第1項により、共有物件に課税される固定資産税の納税義務は、共有者全員が連帯債務として負担することになっているからです。

固定資産税の納税義務が「連帯債務」であるということは、徴収を行う役所は、どの共有者に対しても、固定資産税全額を請求できることを意味します（一人が全額を支払った場合、他の共有者の納税義務は消滅します）。なので、役所は、軍用地から収入を得ている人を優先して、最も税金を徴収しやすい人をターゲットに絞り、未納の固定資産税を請求します。

共有物件は、連帯納税義務を負っているので、軍用地以外に預金も差し押さえの対象になります。確かに、軍用地の共有物件は、単有物件より、倍率が数倍低いことから、利回りが高くお得感がありますが、共有物件の隠れたリスクにも目を向けなければなりません。

軍用地を賢く分筆する方法

近年、相談で増えているのが、軍用地の相続問題です。

以前は、那覇空港用地や嘉手納飛行場などの返還の予定がない軍用地の地主は、売却する考えもなく、お金をかけてまで分筆するメリットがないので、分割せずに共有持分で相続することが一般的でした。相続人の一人が、軍用地を売却するとき、共有持分のままでも、自由に売却することもできるからです。

しかし、一般的に、共有物件は、単独名義の物件より、不動産市場では倍率が数倍低く取引されているので、長い目で見ると、相続時に軍用地を分筆しておくこと推奨します。なぜなら、単独名義の方が、共有物件より資産価値アップに繋がるので、近年は、売買や相続の際に分筆することが多くなりました。

そこで、軍用地の分筆にも詳しい読谷村楚辺の桃原土地家屋調査士に、分筆登記の流れや注意すべき点について、取材しました。

① 分筆登記の流れについて

まず、地主から、本人確認のため、運転免許証などの身分証明書、土地の登記簿謄本及び公図、分筆登記及び立入許可申請の委任状を頂きます。

次に、基地内で測量調査が必要になるので、防衛局に立入許可申請書を提出する必要があります。その他に、位置図、立入申請者（代理）の運転免許証及び住民票、自賠責保険、名簿をそれぞれ日本語用と英訳用の2つの申請書を作成しなければいけません。陸軍、空軍、海軍、海兵隊と提出書類がそれぞれ異なります。

防衛局へ申請書類一式を提出し、立入申請の許可が下りるのに、約3週間から4週間はかかります。基本、嘉手納飛行場の立入許可は下りませんが、その他の施設は、米軍の判断で許可が下りることがあります。基地内に立入許可が下りた場合は、現地で測量を行いますが、基地内に入れない場合は、図面上での分筆になります。

昭和52年5月に施行された「沖縄県の区域内における位置境界不明地域内の各筆の土地の位置境界の明確化等に関する特別措置」（いわゆる地籍明確化法）に基づいて、当時の那覇防衛施設局が、軍用地内の地積明確化作業を行いました。

その当時の地籍図から、図根点（地籍図多角点）を閲覧して、地積測量図に図根点の座標値と位置関係を表示します。その座標値と位置関係を基に、土地の分筆を行います。

法務局へ登記申請書、地積測量図、基地内に入れなった場合は、米軍の不許可回答書を添えて、提出します。

防衛局へ立入申請から、分筆登記が完了するまで、約1カ月から1カ月半はかかりますし、基地内に入れる場合と入れない場合では、費用も変わり、当然、基地内に入れた方が、分筆登記費用は高くつきます。一般的に、那覇空港用地は、那覇空港管理事務所に立入申請を行わなければなりませんが、ほとんど許可は下りません。自衛隊基地は、訓練などの時期や測量箇所に制限がなければ、許可は下ります。

②黙認耕作地の地目変更登記について

『土地連のあゆみ＝創立三十年史＝通史編』によると、戦後から沖縄の日本復帰前にかけて、農地の強制収容に対する農民の反対運動に手を焼いた米軍が耕作権を市町村長に与え、地主以外の第三者でも希望があれば米軍基地内の土地を耕作できるという制度がありました。当時は食糧難で、米軍は積極的に開墾を許したようです。さらにその後、地主に軍用地料を支払うことになってからも、その土地を使用することを認めたのが、黙認耕作地の由縁です。

その黙認耕作地を売買するには、地目変更登記をしなければいけません。登記簿上の地目「畑」から「雑種地」へ変更登記するには、地目変更登記申請書、賃借料明細書、航空写真付き地積併合図が必要です。航空写真付き地積併合図は、役所の資産課税課で取得することができます。黙認耕作地の場所によっては、フェンス沿いから撮影したり、黙認耕作地に立ち入ることができるときは、現地で撮影する場合もあります。それは、登記官の判断によるので、事前に登記官へ確認する必要があるでしょう。

③賢く分筆するには

たとえば、相続で５００㎡の土地を7名で平等に分筆すると、一人当たりの地積は71・42㎡となります。登記簿上の地積では、原則、地目が「宅地」・「鉱泉地」の時と、10㎡未満の時は、小数第2位まで表示することになっていますが、それ以外は、切り捨てとなります。要は、71・00㎡×7名＝４９７㎡となり、３㎡は無駄になり、その分の賃借料は、貰えなくなります。そのときは、小数点以下を切り上げ、切り下げするなどして、地積を無駄にすることなく、分けた方が賢明です。

軍用地投資の最大のリスクとは？

以前は軍用地投資の最大のリスクといえば、軍用地が返還されて軍用地料がもらえなくなることでした。しかし、前述したように、返還された後もその土地の使用収益が見込まれるまで軍用地料に相当する給付金がもらえることになりました。さらに、返還後の再開発により土地の価値は上がると見込まれているので、返還はもはやリスクではなくなりました。

では、最大のリスクとは、一体何でしょうか？

私が考えている軍用地投資の最大のリスクは、「バブル経済の再来」です。

１９８０年代後半、日本がいわゆるバブル景気に盛り上がっていた頃、軍用地は見向きもされていなかったそうです。当時をよく知る人によると、軍用地の利回りは５％程度だったとのこと。現在からすれば十分な利回りですが、当時は東京の山手線内側の土地の価格だけでアメリカ全土を買えるというほど、日本の土地が高騰していたにもかかわらず、軍用地の利回りはその程度だったのです。

母の記憶によると、その頃の郵便局の通常貯金の金利は２％、定期貯金は６％もあったとか。２０２３年11月現在、ゆうちょ銀行の通常貯金の金利は０・００１％、定期貯金は０・００２％です。バブル当時は現在と比べて、通常貯金で２０００倍、定期貯金で３０００倍もの高い金利でした。ちなみに、個人向け国債（固定金利満期５年）は、０・42％

です。つまり、軍用地を持っているより郵便局に預けた方が儲かるわけで、軍用地が見向きもされなかったのもうなずけます。

バブル崩壊後、100年に一度ともいわれた平成の大不況において、軍用地は投資家の間でひそかに注目を集め始めました。地価が下がり続ける中、軍用地料が景気に左右されることなく毎年確実に上がり続けていることに一部の投資家が気づいたのです。デフレ時代に最も適した投資ともいえる軍用地は、現在、その人気に火がついたといえます。

2012年12月に始まった「アベノミクス景気」が「いざなぎ景気」を抜いて戦後2番目の長さになったといわれています。この景気回復が順調に進んで、多くの国民が景気回復を実感するようになれば、バブル経済が再来するでしょう。日経平均株価が3万円を超え、普通預金の金利が1%になる――そんな時代がすぐに来るとは考えられませんが、まさにそのときこそ軍用地投資の価値が下がると私は予想しています。

独特な軍用地の販売広告について

二昔前くらいから、軍用地の物件情報をよく目にするのが、新聞の地元紙の不動産広告でした。実際の広告記事は左下のような感じです。「キャンプ瑞慶覧北前30万」は「キャンプ瑞慶覧北前地区の〝年間地料〟30万円」、「キンザー36万」は「キャンプ・キンザー（牧港補給地区）の〝年間地料〟36万円」、「普天間20万」は「普天間飛行場の〝年間地料〟20万円」という意味です。

「キャンプ瑞慶覧北前　年間地料30万」という広告を見て、「おや？　一体、軍用地はいくらなんだ？」と思いませんか？　実は軍用地の販売広告の場合、販売価格は記載せずに、年間地料のみを載せるのが通例です。新聞広告の料金は行数で決まるので、不動産業者はなるべく短い表現の中に、最低限かつ必要十分な内容を詰め込もうとします。その結果、こういった表現になっているのです。

販売価格は、一般の土地のように面積に対して坪単価をかけた金額ではなく、年間の地料に基地ごとの「倍率」をかけた金額になるということはすでにお伝えしたとおりです。

この「倍率」についてはこの後で詳しく説明しますが、一言でいうと競争率です。購入したい人が多ければ多いほど、倍率は高くなります。たとえば、キャンプ瑞慶覧（北谷町北前）の場合、相場の倍率は15〜18倍くらいなので、年間の地料30万円の軍用地なら販売価格は〈30万円×45倍＝販売価格１３５０万円〜〉となります。

「こんな簡単な広告で決めてしまって大丈夫なのか」と心配になるかもしれません。実際に土地を確認せずに、広告だけを見て速攻で買い付けを出していいものなのか、と。都内在住の男性は5年前に軍用地を購入する際、「最初は詐欺なんじゃないかと疑った」ということでした。

でも、心配はご無用です。実際のところ、土地を自分の目で確認しようとしても、高いフェンスで囲まれた米軍基地に立ち入ることはできません。たとえ、基地に立ち入ることができたとしても、広大な土地は何万筆にも複雑に分かれているので、どれがどの土地なのか誰にも分からないのです。

とはいえ、軍用地投資家も土地勘のない土地をろくに調べもせず、やみくもに購入しているわけではありません。軍用地をどのように特定するのか、その方法はきちんとあります。それについては第4章で詳しく説明しますが、まずは広告を見て一目で理解できるように、一つひとつポイントを押さえていきましょう。

主な軍用地の相場の倍率　最新版

さて、先ほど出てきた「倍率」は軍用地を購入する上で、必ず押さえておかなければならないポイントです。軍用地を購入する上で、誰もが一番気にする指標がこの「倍率」ではないでしょうか。「倍率」とは今の販売価格が1年間当たりの地料の何倍なのかを示したものです。たとえば極東最大の基地である嘉手納飛行場や那覇市に所在する自衛隊基地などの返還されにくい施設、牧港補給地区などの返還を見越した開発計画のある施設は、他の施設よりも高い倍率で取引されているようです。

この「倍率」は、物件情報を収集してリスト化することで相場の感覚を養っていくことができます。たとえば、A社から出た嘉手納飛行場の物件情報は65倍で３００万円、B社からは58倍で１０００万円、C社……というように情報を蓄積していく作業を行うのです。そうすることでその施設の販売価格帯の相場が何倍なのかがだんだんと分かってきます。

１１１ページに私が収集したデータから割り出した主な米軍基地・自衛隊基地の相場の倍率の一覧表を掲載しておきます。不動産業者に相談する前に、まずはイメージをつかんでから具体的な相談をするといいでしょう。

物件探しから契約までの流れ

では、軍用地投資を実際に始めるには、どういう手順が必要となるのでしょうか。まずは、事前の情報収集から物件選びを経て、晴れて引き渡しとなるまでの大まかな流れについて5つのステップにまとめてみます。

ステップ1は、情報収集です。軍用地の物件情報を探すには、インターネットや地元の新聞などを利用します。沖縄タイムスや琉球新報といった地元紙で前出の不動産広告を見ることができます。沖縄県外の方なら電子版を活用してみましょう。

ステップ2は、物件資料の確認です。軍用地独特の「土地賃借料算定調書」などの資料を不動産業者から取り寄せて、物件の地料や所在地を特定しなければなりません。実際に自分の目で現地確認をすることが難しい軍用地ならではの確認方法について説明します。

ステップ3は、購入の申し込みです。軍用地を購入することを決めたら、業者に申し込みをします。一般的な不動産投資と同じで、「買付証明書」「購入申込書」などの用紙に署名・捺印し、必要であれば申込金を支払います。この申し込みは正式な契約ではなく、物件を押さえる意味合いのものであることに注意してください。この段階で売主と購入価格

主な米軍基地や自衛隊基地の相場の倍率

施設名	相場の倍率
伊江島補助飛行場	40〜43倍
キャンプ・シュワブ	42〜45倍
キャンプ・ハンセン	43〜47倍
嘉手納弾薬庫地区	45〜48倍
キャンプ・コートニー	45〜48倍
キャンプ瑞慶覧	45〜48倍
嘉手納飛行場	52〜57倍
ホワイト・ビーチ地区	45〜48倍
普天間飛行場	44〜48倍
牧港補給地区	54〜57倍
那覇港湾施設	46〜48倍
陸軍貯油施設	45〜48倍
航空自衛隊那覇基地	53〜58倍

2023年11月13日現在、著者調べ

を交渉し、正式な契約の日時や引き渡し日の設定などをすることになります。

ステップ4は、資金計画です。軍用地を検討する際に大まかな資金繰りは検討されているはずですが、ここでさらに細かく計画を立てていきます。自己資金はどのくらいで、諸費用はいくらかかるのかなどです。

ステップ5は、売買契約と引き渡しです。最初に業者から「重要事項説明書」の説明を受けます。次に「不動産売買契約書」に記載された内容を確認して売主・買主双方で署名・捺印し、契約は完了します。このときに仲介手数料や登記費用などの諸費用も必要となりますので、事前に準備しておきましょう。いよいよ引き渡しです。法務局での所有権移転登記の申請手続きは自分ですることもできますが、一般的には司法書士に依頼し、代行してもらいます。登記所より発行される「登記完了証」と「登記識別情報」を受領して終了です。

大まかな流れが確認できたら、各ステップについて第4章、第5章にわたって詳しく説明していきます。

物件探しから契約までの流れ

ステップ1　情報収集

インターネット、地元紙（沖縄タイムス、琉球新報など）、地元紙の電子版で軍用地の販売情報を収集

▼

ステップ2　物件資料の確認

「土地賃借料算定調書」などの資料を業者から取り寄せ、地料や所在地などを確認

▼

ステップ3　購入の申し込み

「買付証明書（購入申込書）」に署名・捺印し、業者に提出

▼

ステップ4　資金計画

自己資金はいくらか？　諸費用はいくらか？

▼

ステップ5　売買契約と引き渡し

「重要事項説明書」の説明、「不動産売買契約書」に署名・捺印、登記申請書類の確認、残金・仲介手数料・登記費用等の支払い、「登記完了証」「登記識別情報」の受領、地主会加入の検討

第4章

誰にでも分かる！軍用地投資の始め方【情報収集編】

ステップ1　情報収集

軍用地投資を始める際にまず最初にすることといえば、もちろん軍用地の物件情報の収集です。収集には、以下の8つの方法が挙げられます。

（1）地元の不動産業者に会員登録
（2）沖縄の不動産ローカルサイトから情報を入手
（3）グーグルで上位に表示された広告は疑うべし
（4）地元紙で不動産広告を探す
（5）軍用地買い取り専門業者に直接アタック！
（6）足で稼げ！　軍用地ローラー作戦
（7）最後の手段「軍用地買います」の不動産広告を出す

では、それぞれについて見てみましょう。

（1）地元の不動産業者に会員登録

「県外に住んでいます。どこから軍用地の情報を入手すればいいのでしょうか？」

そんな質問をよく受けます。

答えはズバリ、「会員登録」です。

地主さん＝売主の多くは、地元のご年配の方が多く、新聞広告や不動産業者のホームページなどで大々的に販売活動をしたくないという要望がほとんどです。不動産業者は情報があまり表に出ないような形で、しかもスピーディーに販売活動を行わなければなりません。たいていの不動産業者は、独自の顧客リストを持っているので、その顧客に優先的に物件情報を流すことで、いち早く買主を見つけようとします。

この物件情報が会員向けにメール配信されるのです。一時期、メルマガ登録が流行っていましたが、誰でも会員登録することが可能なので、嘉手納飛行場などの人気物件は当然のことながら競争相手も多く、スピード勝負になります。

また、最近のメルマガで配信されてくる物件情報は、万人向けに一斉配信されるので、一般に公開されている情報とそう変わりはなくなってきました。それよりは、会員登録して、必要な情報をリクエストする方が、情報の取捨選択が早くなります。

具体的には、不動産会社の「問い合せ」から必要項目や要望事項を入力しましょう。不動産会社の迷惑電話や訪問営業が気になる方も多いと思います。そのような場合は、連絡方法をメールに指定すると、迷惑電話などは防げるでしょう。

軍用地投資ではいかに早く多くの情報を入手するかということも必要ですが、逆に多すぎると判断に迷うことがあります。取得した情報を単に受け入れるだけではなく、客観的に判断することができる能力が求められます。まず、インターネットで「軍用地　会員登録」と検索すれば、すぐ見つかるはずです。検索に挙がったサイトに会員登録を行いましょう。

Makana House（マカナハウス） > 会社概要
会社概要
掲載物件数 103件
公開物件数 63件
売却査定
会員登録
スタッフ紹介
お客様の声
お問い合わせ
アクセス
マカナハウスの情報はこちら
商号 M a k a n a H o u s e
所在地 〒904-0102
沖縄県中頭郡北谷町字伊平
大松ビル 301
MAP
営業時間 10：00～18：00
定休日 土・日・祝祭日
電話番号 098-959-2734
FAX 098-936-5255
メールアドレス contact@makana-house.com
他店舗
株式会社MakanaHouse 東京支店
株式会社MakanaHouse 名護支店
事業内容 幅広い経験を持ったメンバーで様々な不動産に対応しております。
特に、新築戸建て・米軍人向け収益物件・軍用地が得意です。
代表者名 伊志嶺 忠
免許番号 国土交通大臣 (1) 第10143号
従業員数 10名
Makana House
画像をクリックして拡大表示

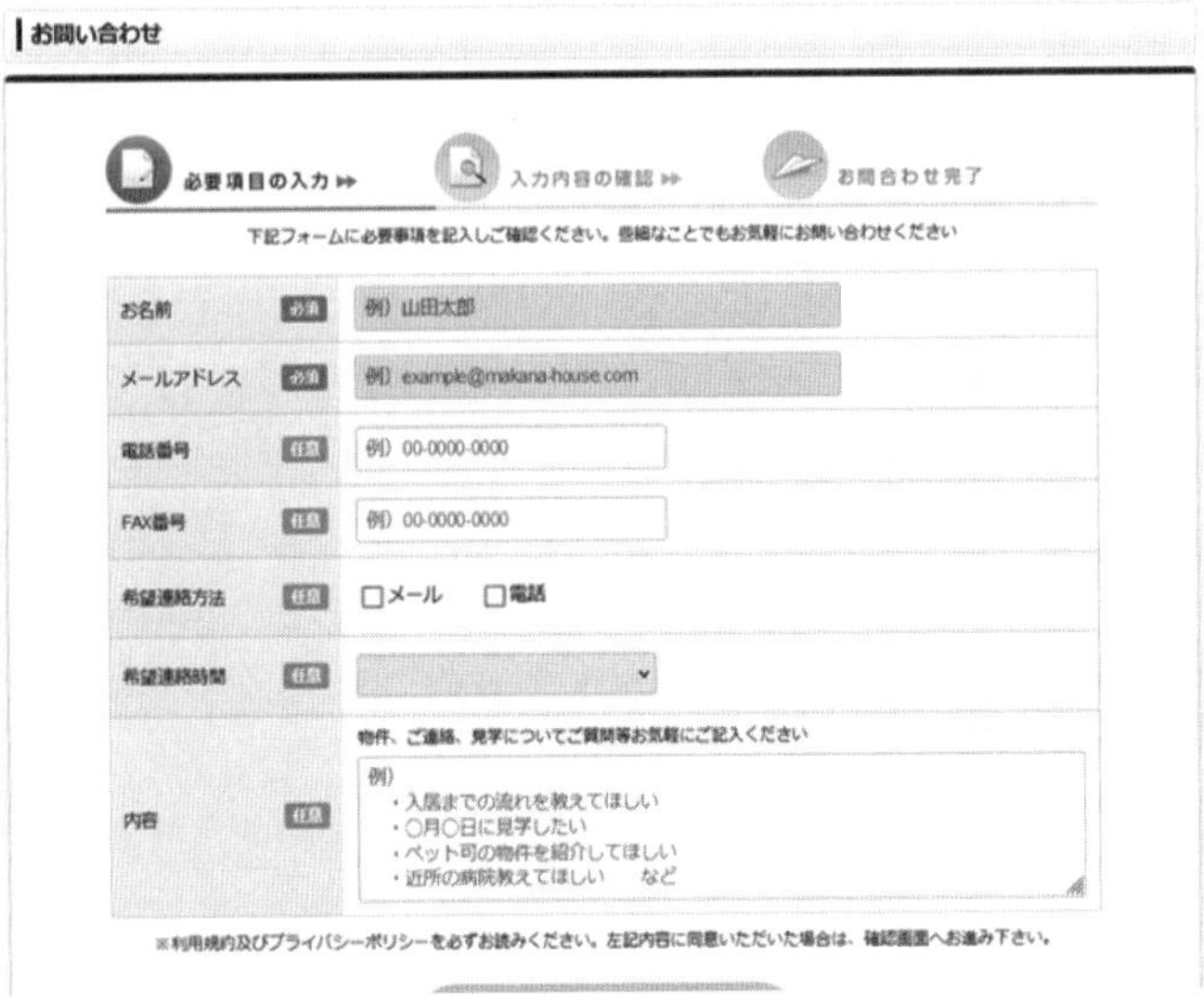
お問い合わせ
必要項目の入力
入力内容の確認
お問合わせ完了
下記フォームに必要事項を記入しご確認ください。些細なことでもお気軽にお問い合わせください
お名前 必須 例）山田太郎
メールアドレス 必須 例）example@makana-house.com
電話番号 任意 例）00-0000-0000
FAX番号 任意 例）00-0000-0000
希望連絡方法 任意 メール 電話
希望連絡時間 任意
内容 任意
物件、ご連絡、見学についてご質問等お気軽にご記入ください
例）
・入居までの流れを教えてほしい
・○月○日に見学したい
・ペット可の物件を紹介してほしい
・近所の病院教えてほしい　など
※利用規約及びプライバシーポリシーを必ずお読みください。左記内容に同意いただいた場合は、確認画面へお進み下さい。

（2）沖縄の不動産ローカルサイトから情報を入手

すべての不動産業者にメルマガがあるわけではありません。沖縄専門の賃貸・不動産情報サイトとして代表的な「うちなーらいふ」や「グーホーム」はメルマガの配信をしていませんが、サイトにアクセスすれば多くの情報に出合うことができます。実は、私が嘉手納飛行場を購入したのも、「うちなーらいふ」の情報からでした。「沖縄で賃貸や売買物件を探している人からの問い合わせの9割はうちなーらいふとグーホームからだ」と、ある業者から聞いたことがあります。自社のホームページに情報を掲載するより、うちなーらいふなどに掲載した方が、物件を探している多くの顧客の目に触れることになるということでした。ただし、どちらのサイトも検索カテゴリーに軍用地があるわけではないので、トップページから軍用地の情報を探すのは困難です。

「うちなーらいふ」から検索するには、「買う」の「その他」から入ります。そして、並び替えの「新着」をクリックしてソートすると、新しい物件情報が上位に表示されます。軍用地以外の物件情報も同時に表示されますので、こまめにチェックするといいでしょう。

その他の検索方法については、「土地」から軍用地が所在する市町村ごとに調べないと

うちなーらいふ　https://www.e－uchina.net/

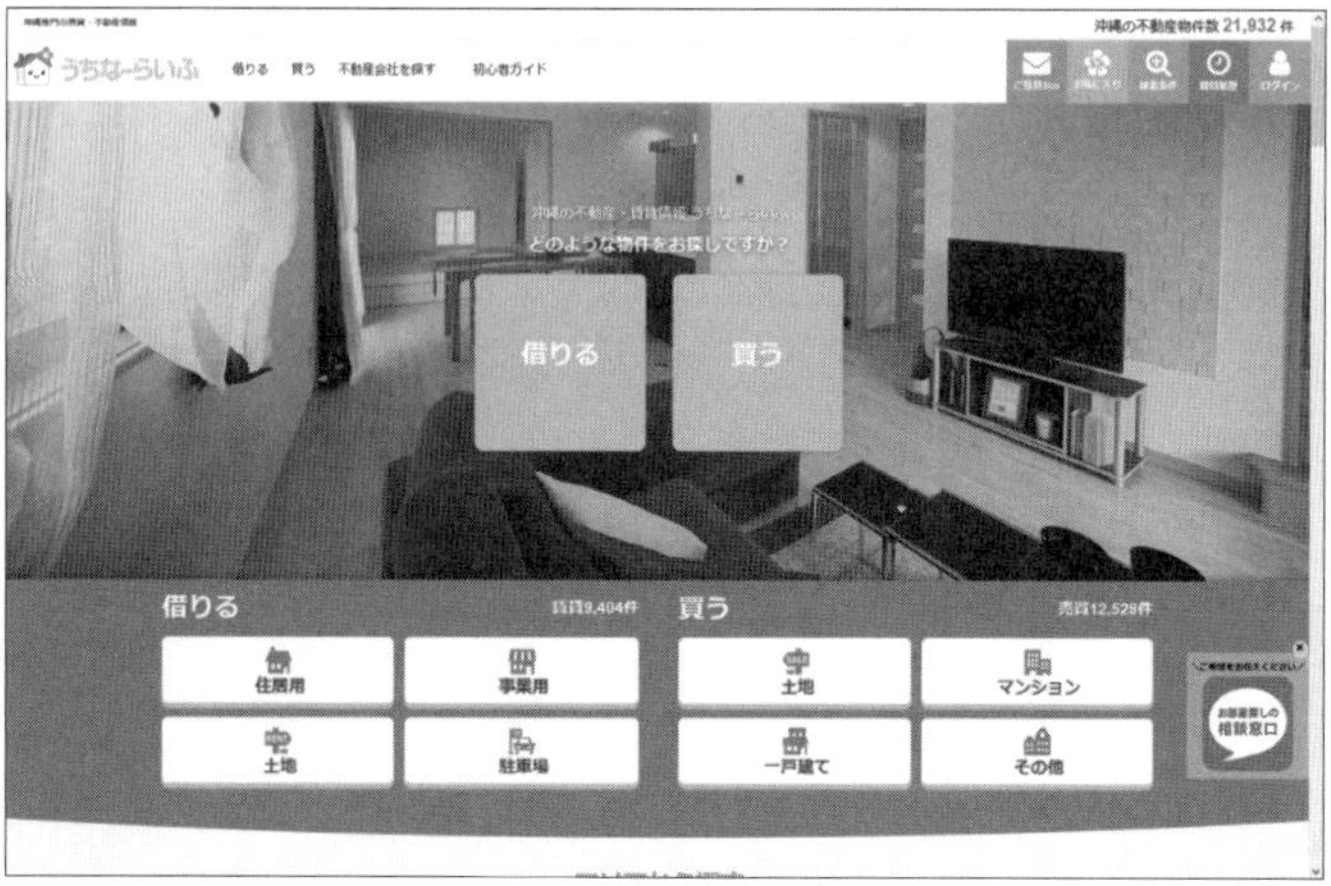

うちなーらいふ　「買う」→「その他」

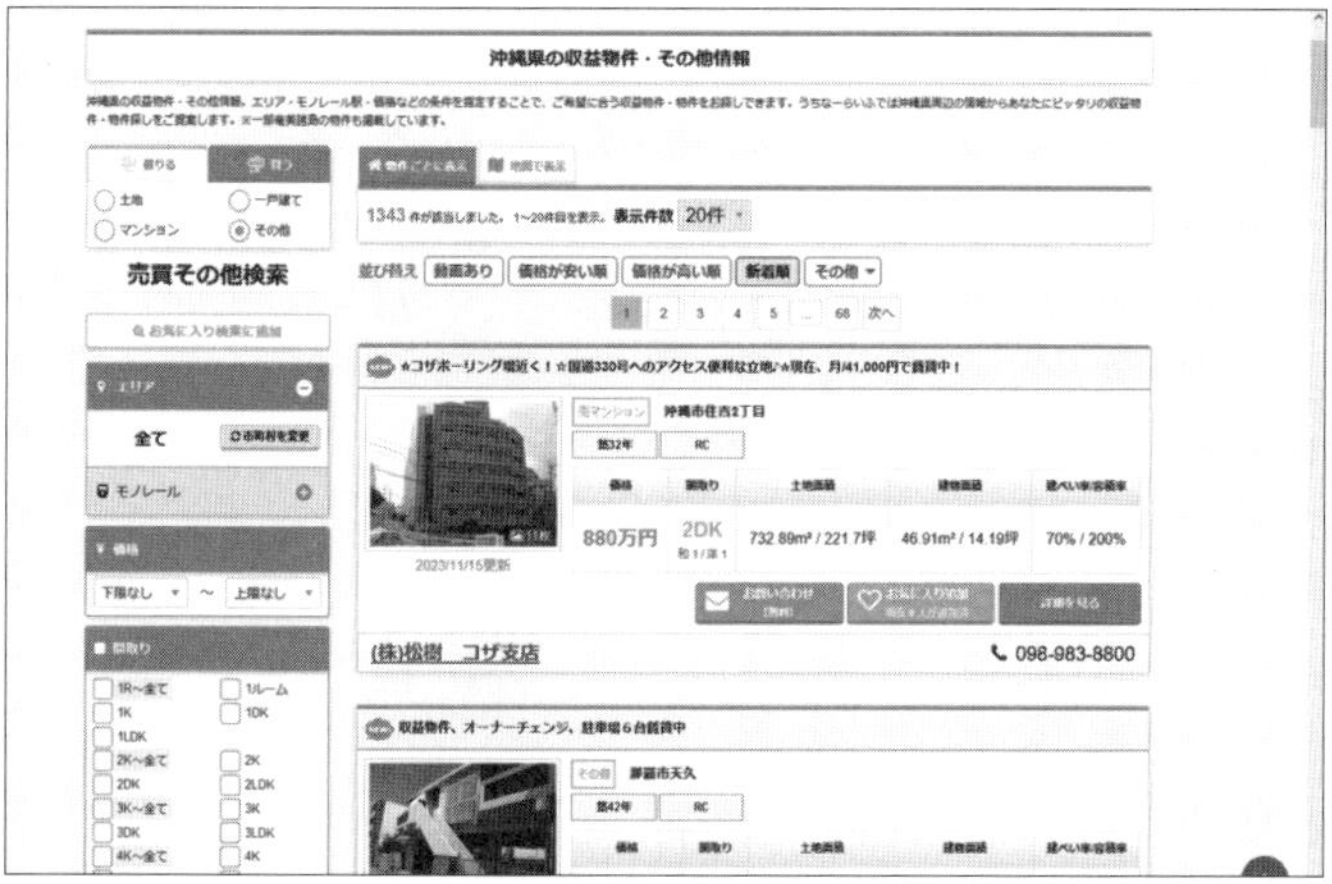

グーホーム　https://goohome.jp/

グーホーム　「買う」→「土地」→「沖縄県の土地売買の一覧へ」

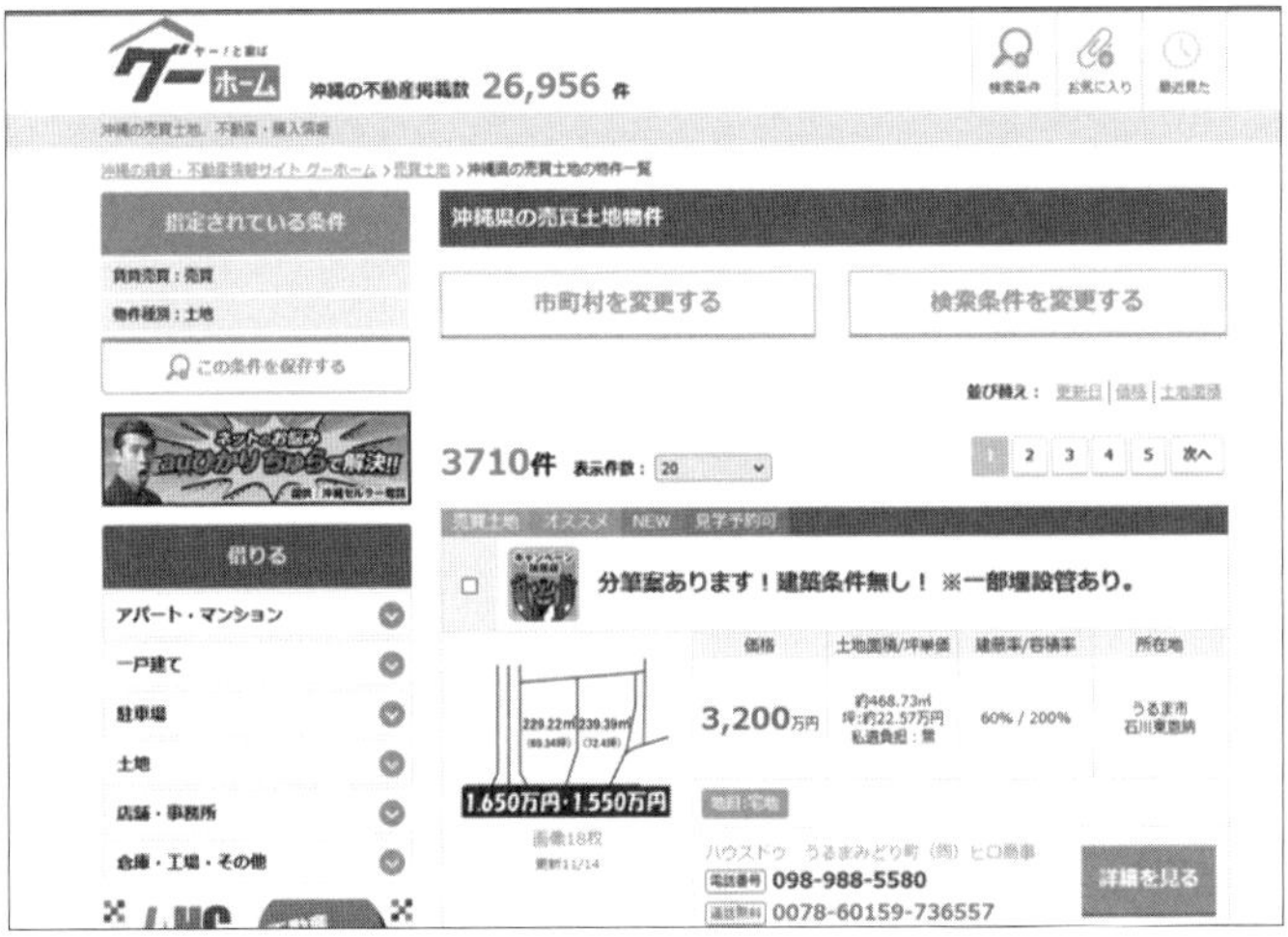

いけないので、初心者には難しい作業となります。

グーホームの検索方法を説明します。「買う」の「土地」から入り、下へ移動して、「沖縄県の土地売買の一覧へ」へ移動します。次に「検索条件を検索する」をクリックして、「軍用地」で検索してください。そうすると、数十件もの物件情報が出てきます。

物件情報はいつアップされるか分かりませんが、私の経験上、17時30分以降に、ありえない倍率の軍用地が出てくる可能性が高いです。理由としては、不動産会社の営業終了時間は、普通18時頃がほとんどです。その時間帯に「うちなーらいふ」に物件情報を掲載し、翌朝、お客様からの反響を見て、対応します。そうすると、一日の業務処理がスムーズに行えるようです。たとえば、午後14時頃に物件情報を流すと、お客様からの問い合わせが殺到し、資料送付の対応や通常業務に手が回らなくなってしまい、結果、多くのお客様に迷惑をかけると、ある不動産会社に聞いたことがあります。先ほどのとおり、情報のアクセスのタイミングが勝負のカギとなるので、定期的に検索することをおすすめします。

（3）グーグルで上位に表示された広告は疑うべし

インターネットで「軍用地　売買」と検索すると、軍用地を扱っている不動産業者が表示されます。そこで注意していただきたいのは、上位に表示されている不動産業者は、多くの競争相手が見ているということです。ですから、そこからアクセスしてお買い得な物件情報を得るのは、かなりハードルが高いといえます。また、上位に表示されているサイトは、業者がグーグルに広告料を出しています。つまり、業者が広告料を負担してまで、売りたい物件ということができます。本来、優良物件はネット広告に出しません。出さなくても、口伝えで売れるからです。

そこで、私のセミナーで提案している別の方法をご紹介します。「検索結果の２ページ目以降を注意して見る」という方法です。２ページ目以降に表示されるのは、過去の情報、つまり売約済みの情報が多かったり、ホームページの更新頻度が少なかったりと、情報を探す側にとって役に立つ情報やコンテンツが少ないなどの理由で、検索上位に表示されない不動産業者です。でも実は「これまでに軍用地を扱った実績がある不動産業者」と考えれば、これらの不動産業者は今後、新たな軍用地を扱う可能性があるともいえるのです。

Google
すべて
ニュース
画像
ショッピング
動画
もっと見る
ツール
スポンサー
【軍用地@沖縄を専門に販売】 - 【沖縄県の軍用地を専門...
軍用地を買いたい
軍用地を売りたい
社長の一言
スポンサー
kainanco.jp
軍用地なら開南コーポレーション - 直接売買だから仲介...
スポンサー
oroku.co.jp
軍用地ならオロク商会 - 軍用地投資をお考の方へ
開南コーポレーション
沖縄の軍用地専門の不動産会社 ｜ 開南コーポレーション
tomato-okinawa.com
軍用地売買 - とまとハウジング

これが「穴場」を探す手法です。こういった穴場の不動産業者のホームページを複数ブックマークしておき、2、3日ごとにホームページの更新情報を確認しましょう。

実は、私もこの手法で価格が手頃で相場より低い倍率のキャンプ瑞慶覧を見つけました。速攻で電話連絡し、翌朝、申込金10万円を握りしめて開店と同時に購入の申し込みをしました。このように、情報が氾濫している時代でも、軍用地の相場に疎い不動産業者から通常ではあり得ない低い倍率で売りに出ることもあるのです。

（4）地元紙で不動産広告を探す

このように今ではインターネットでさまざまな物件情報を入手することが可能ですが、琉球新報や沖縄タイムスといった沖縄の地元紙では、今もなお、毎週火、水、金曜日の朝刊に不動産広告が掲載されています。

インターネットが苦手な地元の60代以上の資産家にとって、朝5時頃に配達される新聞の広告は貴重な情報源です。新聞を取っていない若い世代が増えていますが、不動産業者もそのことを熟知していて、あえてインターネットで情報を流さずに、むしろ新聞広告を

琉球新報電子版

沖縄タイムス電子版

打つと決めている不動産業者もあるのです。その方が地元の優良顧客層に確実に情報を届けられるからです。

県外に住むある不動産投資家は、新聞広告から軍用地を探すために、地元紙の電子版を定期購読しているそうです。朝5時に起きて広告からこれはと思う軍用地を探し出し、不動産業者の開店前から電話をかけ続けて念願の軍用地を手に入れたそうです。

電子版の購読には琉球新報なら月額（税込み月額３０００円）、沖縄タイムスなら月額（税込み月額２７５０円）がかかりますが、地元紙を購読するメリットはほかにもあります。沖縄の基地問題に関するニュースの入手です。地元紙では、大手新聞社や在京キー局などのマスコミでは報道されない基地問題を知ることができます。基地問題の動向は今後の軍用地市場の見通しに大きく影響するので、基地問題に関する報道は注視しておくべきでしょう。

（5）軍用地買い取り専門業者に直接アタック！

最近は売り物件自体が少ないことから、軍用地を「売ります！」より「買い取りします！」

という広告を多く目にします。

買い取りを行う不動産業者は、多額の現金を差し迫って必要としている地主から、相場より低い倍率で買い取り、そこに利益などを乗せて転売しています。

そういった不動産業者に直接、「軍用地を買いたいのですが、物件はありますか？」と電話連絡して、交渉するのです。このようなテクニックを使って軍用地を買い求める投資家が少なからず存在します。

買い取り業者から購入するメリットは、業者自身が売主となるので仲介手数料がかからないことです。逆にデメリットは、元の売主からの買い取り価格に利益や経費が足されて、物件価格が高くなる場合があることです。一概に買い取り業者から購入した方が高いとも安いともいえませんが、費用的にトータルで得だと判断できるのであれば、チャレンジしてみる価値があ

ります。

（6）足で稼げ！　軍用地ローラー作戦

私のセミナーに毎回参加していただいている会社員の兄弟から聞いた話です。物件情報を入手するために、メールマガジンに登録したものの、メールが配信されて不動産業者に買い付けの連絡を入れてもすでに10番手。そこで、物件が出るのを待つのではなく、自分たちで探そうと考え、行動に移すことにしたそうです。

彼らが行ったのは「軍用地ローラー作戦」。地域密着の老舗の不動産業者を中心に、沖縄県内の不動産業者をしらみつぶしに探し歩いたのです。具体的には、県内の中部、南部といったエリア別に分担を決めて不動産業者を訪ね、脈を感じた会社には改めて二人で出向いたということです。そのときに軍用地の物件情報がなくても、物件が入ったときに連絡がもらえるよう、名刺を渡して帰ったそうです。

さらに二人は、より強い印象を持ってもらえるよう、「購入のあかつきには、必ず売却時も御社に仲介をお願いします！」と売却時のことも同時に持ちかけました。それだけにとどまらず、「軍用地と併せて、アパートなどの収益物件が出ましたら、ご連絡をお願い致します」と、今後の資産形成の構想まで伝えたのだとか。不動産業者からしてみれば、購入と同時に売却も任せてもらえることになると、2回分の取引の仲介手数料が入ってくることになります。さらにほかの収益物件もということになれば、労せず有望なリピート客を得られるというわけです。

果たして彼らの軍用地ローラー作戦は、２０１８年10月からわずか4か月で、嘉手納飛行場や嘉手納弾薬庫地区など7件を相場より安めの43〜52倍で購入し、さらに9件が現在決済待ちという見事な成果を上げています。

これほど有利な条件で軍用地を購入できたのにはほかにも理由があるだろうと尋ねたところ、最後に彼らは不動産業者から一般的に入手困難な「お買い得物件情報」を引き出す際のコツを話してくれました。

「『私は○○○○万円までなら軍用地を買えます！　すでに□□銀行から融資の内諾を得ています』と伝えると目の色を変え、『それなら△△△施設があります』『来月には●●●施設が出る予定です』などと営業担当者が情報を出してくれる業者がありました。探し始めた頃はただ『軍用地ありませんか』とだけ聞いていたので、何度問い合わせてもなしのつぶて。それでは、と試行錯誤を重ね、資金繰りの具体的な状況を伝えるという営業トークにたどり着いたんです」彼らの手法は誰にでもできることだとは思いませんが、物件情報を自分たちの力でつかみ取ろうとする姿勢とその行動力は見習うべきです。真似できることは真似し、そうでないことは「自分ならどうするだろう？」と考えて行動に移してみることが大切です。

（7）最後の手段「軍用地買います」の不動産広告を出す

　個人の方が自分の携帯の電話番号を載せて、「軍用地買い取りします」と地元紙に不動産広告を出しているのを見かけたことがあります。思わず、「この人、頭がいいな！」と声を上げてしまいましたし、自分から積極的に情報をつかみに行く行動力には頭が下がりました。実際、この人は県内でも非常に有名な方で、一代で８０００万円もの軍用地料を築き上げた伝説の人物です。

　不動産業者が間に入ると仲介手数料がかかるので、個人間で直接売買すれば、売主・買主双方にメリットがあるわけです。それが分かる地主なら個人にも売ってくれる、いや、むしろ個人に売りたいと考えるはずです。自分の携帯番号を公開するので、注意が必要ですが、これが一番賢い情報収集のやり方だと思います。

個人売買の注意点としては、不動産業者が取引をする場合に宅地建物取引業法上で義務づけられている「売買契約書」や「重要事項説明書」の作成・交付が義務づけられていないことです。だからといって大きな金額が動く不動産売買を「口約束」だけで行うというのは危険な行為。個人売買では、何らかのトラブルが発生した場合に頼れるのは自分しかいないので、トラブル防止のために売買契約書などはきちんと作成しておきましょう。これらのフォーマットはインターネットなどで公開されており、体裁を整えるのはそれほど難しくありません。

とはいえ大きい金額が動くわけですから、売主、買主ともに取引に精通している必要があります。これは上級者向けのやり方といえるでしょう。

あるセミナー参加者は「軍用地の人気が高すぎて、買えない」と会うたびに嘆いています。軍用地を買えない原因を市場のせいにしているのです。しかし、現実には軍用地を買っている人はいます。市場環境が激しい中でも、軍用地を買うための戦術・戦略を研究し、結果を出している人は存在するのです。

「そうはいっても、初心者には厳しい！」とは思っていませんか？　大丈夫です。ご紹介した方法の中には確かに難易度が高いものもありますが、情報収集の基本は不動産業者との信頼関係・パイプづくりにあります。

東京在住の方の話です。「定年後は沖縄へ移住するのが夢」と語っていたその投資家は、軍用地を購入するため、いくつもの不動産業者に問い合わせをしたそうです。その際に「勤務先、年収、自己資金額、希望の施設名と物件価格」などを伝え、紹介された物件が自分の基準と合わなくても、そのたびに情報提供のお礼のメールを欠かさず続けたということです。その結果、キャンセル待ちとなった嘉手納飛行場を見事に購入することができたそうです。

このように相手の立場に立って、自分の情報を伝えたり誠意をもった対応を心がけることで、信頼関係はたとえ沖縄県に住んでいなくても誰にでも築くことができます。それにはお金だけでなく、ある程度の時間を投資して研究をする覚悟が必要です。

第5章

誰にでも分かる！軍用地投資の始め方【物件資料の確認～契約編】

ステップ1　物件資料の確認

ここが一番大事！　3点セットの確認

通常、アパートなどの収益物件の購入を検討する際には、最初に必ず物件概要書を不動産業者から入手します。それを見て投資するに値する物件と判断したら、現地に赴いて物件の周辺環境や建物の調査を行うのが普通です。

当然、物件資料の精査や現地調査を行った結果、投資に値しないと判断する場合もあります。実際、その方が多いくらいです。そのせいで貴重な時間やお金が無駄になることも多々あります。

しかし、軍用地はどうでしょうか。多くの物件資料が必要でしょうか。現地調査に赴かなければいけないでしょうか。答えはNO。そんな必要はありません。軍用地投資では、「土地賃借料算定調書」「登記簿謄本」「航空写真」の3点セットを検討するだけで十分なのです。

軍用地は、基本的に米軍基地や自衛隊施設内の土地なので、許可なく直接立ち入って現地を確認することはできません。実は正確には、沖縄防衛局を通して一時的に現地を確認する目的で立ち入り申請をすることができますが、申請を出しても結果が出るまでに１か月以上もかかってしまいます。しかも、必ず立ち入りの許可が下りるというわけではありません。基地によっては機密性の高い施設や訓練などの事情で、許可が下りない場合もあります。

運よく許可が下りれば基地内に立ち入ることはできますが、もし、あなたが実際に自分の目で確認してからでないと契約しないといえば、不動産業者は嫌がるはずです。なぜなら、軍用地を求めている人は、あなた以外に大勢いるからです。契約に時間のかかる買主は、不動産業者に「面倒くさい買主だ」と思われるのがオチです。

ですから、ここは素直に軍用地取引の慣例にしたがうことが肝要。３点セットの「土地賃借料算定調書」で収入にあたる軍用地料と土地の種別、また「登記簿謄本」と照らし合わせて所有者と所在地、地積などを、「航空写真」で土地の形状や位置を確認しましょう。

土地賃借料算定調書の見方

まず最初に「土地賃借料算定調書」の見方です。この調書が最も重要な書類といっても過言ではありません。なので、この書類一枚だけで、購入するのか判断することも可能です。正確には「土地賃借料算定調書及び土地明細書」といい、軍用地主に対して国が発行している書類です。地主会に加入している場合は地主会を通じて、加入していない場合は直接、沖縄防衛局から送られてきます。軍用地ならではのものなので、初めて見る方も多いのではないかと思います。

１４２～１４３ページの例をご覧ください。中央上部の「ＦＡＣ．Ｎｏ」と「施設名称」には、「ＦＡＣ６０３７嘉手納飛行場」や「ＦＡＣ６０４４キャンプ瑞慶覧」などの基地ごとの番号と基地の名称が記載されています。ちなみにＦＡＣとは英語のＦＡＣＩＬＩＴＹの略で施設という意味です。

「土地の所在地　市町村、大字、小字、地番」は、文字どおり軍用地の所在地を示しています。「地目」とは、不動産登記法に定められた土地の区分で、現況の用途、利用目的などによってどんな土地かという種類を示す分類名のことです。田、畑、宅地、山林、雑種地などがあります。「地目」が違うと１㎡当たりの軍用地料の単価も変わってきます。単価が高いのは宅地ですが、ここはあまり気にしなくてもいいでしょう。

「種別」は、不動産鑑定評価で土地を評価する際に使用される、土地の用途による分類名です。地域の種別と土地の種別があり、「土地賃借料算定調書及び土地明細書」に記載されているのは、土地の種別。宅地、農地、宅地見込み地などに分かれています。第3章で説明したとおり、宅地見込み地は単価上昇率が高いので、必ずここをチェックしましょう。

「面積」は、軍用地として賃貸借契約している土地の平米数を示しています。「単価」は、１㎡当たりの金額であり、面積と単価を掛け合わせた「算定賃借料」が記載されています。これが年間の軍用地料となり、この「算定賃借料」に不動産業者が提示する倍率をかけたものが販売価格です。広告に記載されていた地料や価格と相違がないか、念のため確認しておくといいでしょう。

いろいろな項目がありますが、大切なのは「種別」です。私はここをチェックして「宅地見込み地」でない場合は購入を見合わせるか、又は「宅地」でも相場より3倍低ければ購入することにしています。

調書及び土地明細書

1－　1 19,579頁

年度)　　算定期間 平成３０年　4月　1日～平成３１年　3月３１日

設名称	
ンプ瑞慶覧	

	整理番号
	[redacted]

面　積 (㎡)	単価 (円)	算定賃借料 (円)	地番コード	備　考
120.00	1,664.05	199,686.00	001	
120.00		199,686.00		

算定賃借料	決定賃借料月額 (円)	決定賃借料年額 (円)
199,686.00	16,640	199,680

既支払額 (円)	差引支払額 (円)
197,810	1,870

土地賃借料算定調書及び土地明細書

土地賃借料算定

(平成　30

FAC .No.	施
6044	キャン

郵便番号　[redacted]

所有者住所　沖縄県[redacted]

所有者氏名　仲里桂一

契約番号
[redacted]

所在地コード	土地の所在地				地目	種別
	市町村	大字	小字	地番		
[redacted]	北谷町	北前	[redacted]	[redacted]	畑	宅地見込地

見本

キャンプ瑞慶覧　　契約番号[redacted]　整理番号[redacted]

銀行名	[redacted]	賃　貸　料	¥1,870
名義人	仲里桂一	会費 0.50%	¥9
口座No.	普通　[redacted]	差引支払額	¥1,861
振込日	平成31年3月26日		

上記のとおり支払の手続きをしましたのでお知らせいたします

一般社団法人北谷町軍用地等地主会　会長　[redacted]

登記簿謄本の見方

１４５ページの「登記簿謄本」の例をご覧ください。ここで重要なことは、先ほどの「土地賃借料算定調書及び土地明細書」の所有者と「登記簿謄本」の「権利部（甲区）権利者その他の事項」に記載されている最終的な所有者が同一であるかどうかです。必ず確認してください。

ここで所有者が異なっている場合は購入を見合わせたほうがいいでしょう。国は土地の登記上の所有者を確認して賃貸借契約を結んでいます。それが異なっているということは、何か裏があると考えて手を出さない方が無難です。

次に、「土地賃借料算定調書及び土地明細書」の「土地の所在地　市町村、大字、小字、地番」「地目」「面積」と「登記簿謄本」の「表題部（土地の表示）所在、地番、地目、地積」が同一であることを確認しましょう。ごくまれにですが、地積が異なっていることがあります。たとえば、ある１００㎡の土地に対して、50㎡を日本政府が所有者と賃貸借契約している場合です。この後紹介する航空写真を見ると分かるのですが、米軍基地の端、民間地との境目に見られるパターンです。

登記簿謄本

沖縄県中頭郡北谷町字北前９９４－１０　　全部事項証明書　　（土地）

表題部（土地の表示）		調製	余白	不動産番号	3608010082916
地図番号	Ｎ１５－１、１５－３	筆界特定	余白		
所在	中頭郡北谷町字北前横嵩原		余白		

①地番	②地目	③地積 ㎡	原因及びその日付〔登記の日付〕
９９４番１０	雑種地	１２０	９９４番４から分筆 〔平成３０年７月１２日〕

権利部（甲区）（所有権に関する事項）

順位番号	登記の目的	受付年月日・受付番号	権利者その他の事項
１	所有権移転	平成２３年８月２４日 第１６１７０号	原因　平成２２年１２月１１日相続 所有者　東京都目黒区八雲五丁目９番１５号 星　宜　邦　彦 順位２番の登記を転写 平成３０年７月１２日受付 第１２７８２号
２	所有権移転	平成３０年８月１４日 第１４９４５号	原因　平成３０年８月１４日売買 所有者　沖縄県豊見城市字我那覇３８３番地１２２ 仲　里　桂　一

これは登記記録に記録されている事項の全部を証明した書面である。ただし、登記記録の乙区に記録されている事項はない。

平成３０年８月２１日
那覇地方法務局宜野湾出張所　　登記官　　比　嘉　栄　一

＊　下線のあるものは抹消事項であることを示す。　　整理番号　Ｄ０９０６６　（　１／１　）　　１／１

航空写真で土地を確認しよう

航空写真とは略称で、航空写真つき地積併合図とか重ね合わせ図面など名称はさまざまです。また、この図面は、地番の配置を示すために作成した地籍図であり、求積及び権利関係の確認の根拠となるものではありません。したがって、内容を証明するものではなく、あくまでも参考図として捉えてください。

したがって、航空写真で、施設のおおよその場所を把握するためとご承知おきください。通常、航空写真つき地番図、公図と地積測量図は不動産業者がそれぞれの役所から取り寄せて持っているので、一緒に入手するようにしましょう。もちろん、個人であってもそれぞれの役所で手続きをすれば交付してもらえます。

航空写真では、基地の中のどの位置に所在するのかを確認します。たとえば、嘉手納飛行場の滑走路に近いとより返還されにくい、基地の中心に近ければ返還されにくい、などと判断します。

地積測量図は土地を分筆登記する際に提出が義務づけられている図面です。通常は登記簿と「土地賃借料算定調書及び土地明細書」の面積をチェックするだけでいいのですが、

公図

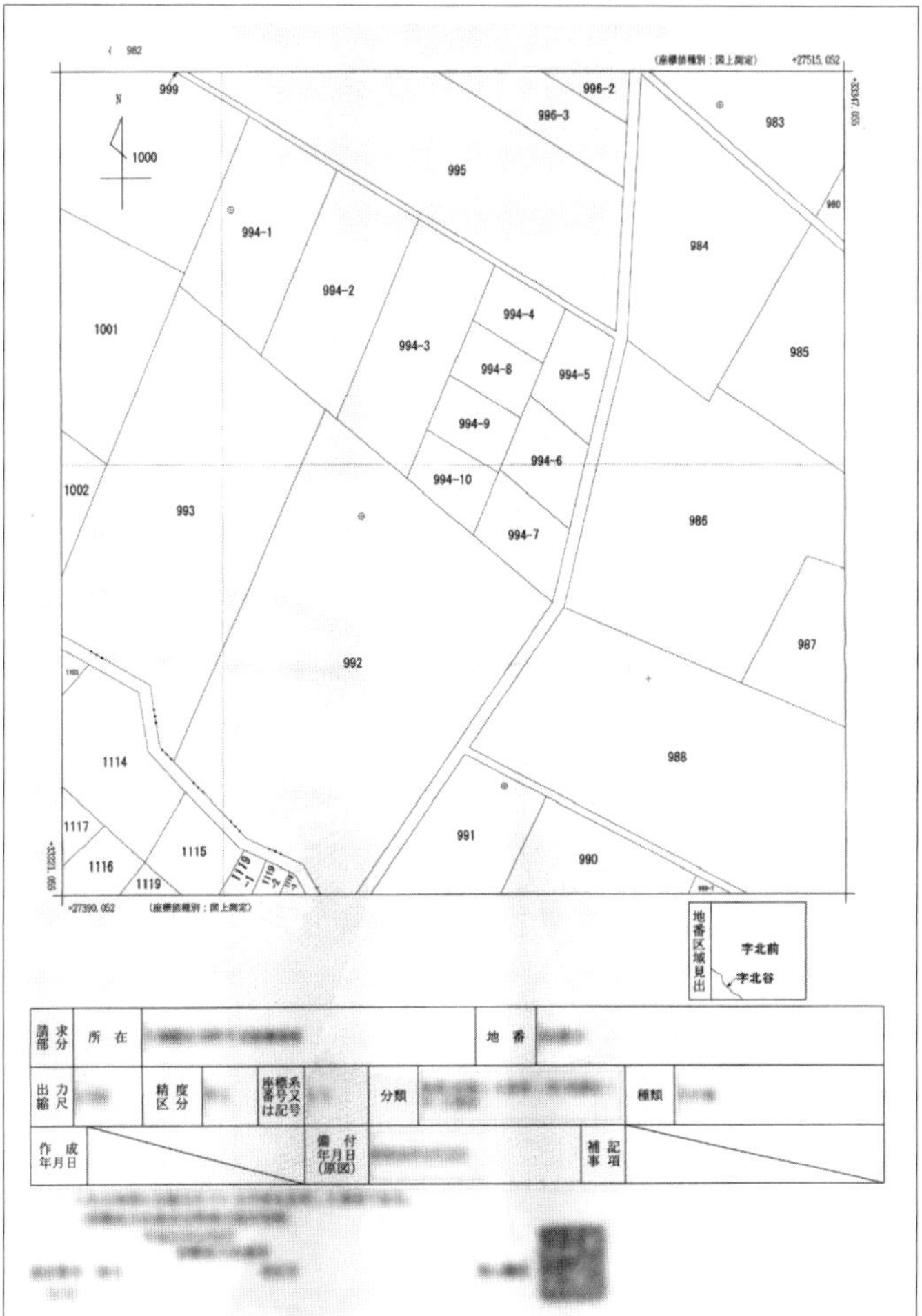
982
(座標値種別：図上測定)
+27515.052
+33347.055
N
999
1000
996-2
996-3
995
983
980
994-1
994-2
984
1001
994-4
994-3
994-8
994-5
985
994-9
994-6
994-10
1002
993
986
994-7
987
992
988
1114
991
1117
1115
990
1116
1119
1119-1
1119-2
+33221.055
+27390.052
(座標値種別：図上測定)
地番区域見出
字北前
字北谷
請求部分
所在
地番
出力縮尺
精度区分
座標系番号又は記号
分類
種類
作成年月日
備付年月日(原図)
補記事項

地積測量図

地　番	[redacted]
土地の所在	[redacted]

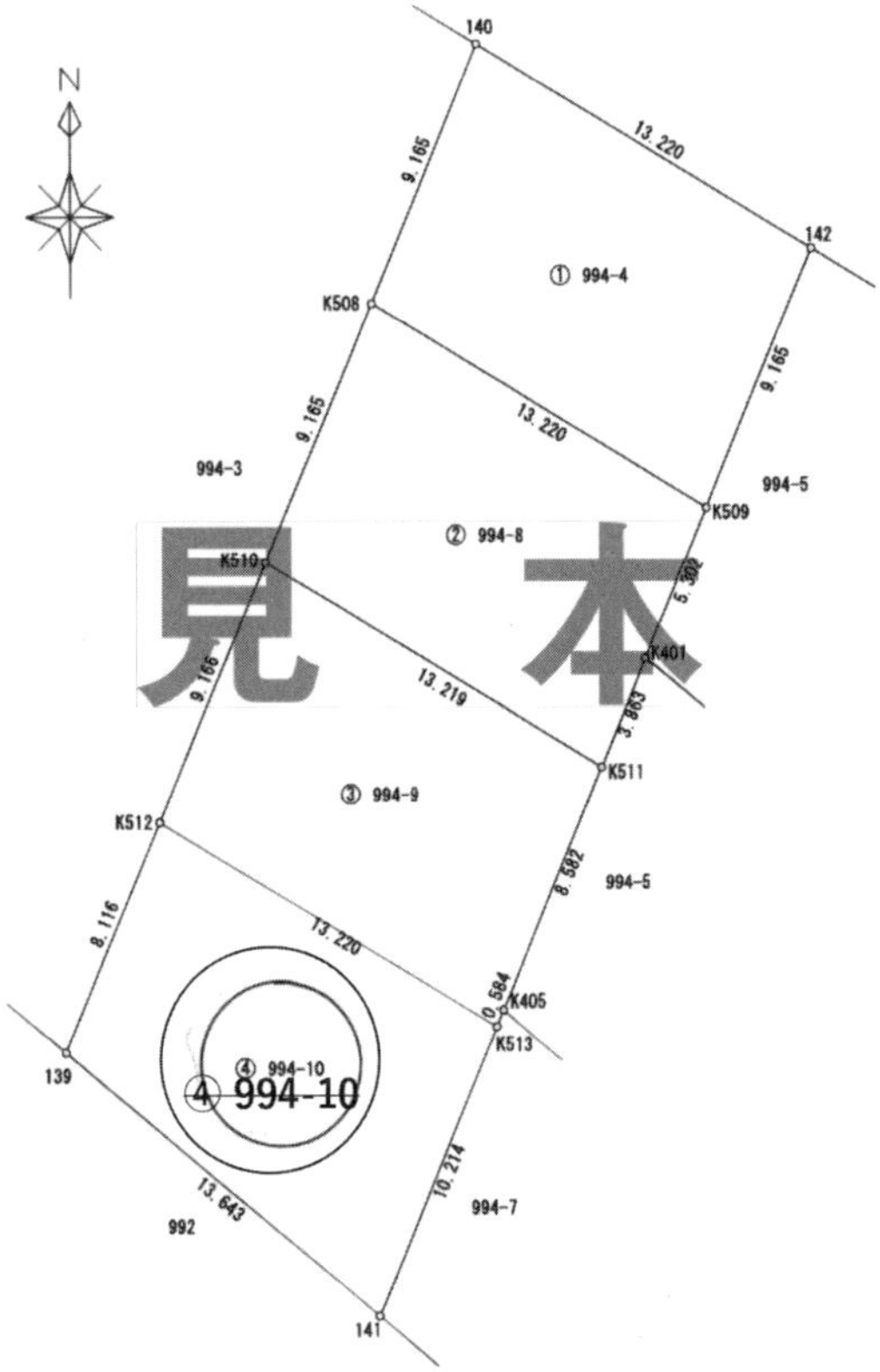

申請人	[redacted]	縮尺	1/250

地積測量図

パターン②

求積表

地　番	① 994-4			
NO	X_n	Y_n	$X_n \cdot (Y_{n+1} - Y_{n-1})$	距　離
142	33310.679	27470.712	-260089.781632	13.220
140	33317.359	27459.304	-500026.923872	9.165
K508	33306.931	27455.704	260076.133248	13.220
K509	33302.251	27467.112	499800.183008	9.165
		合　計	-240.389248	
		合　計　面　積	120.1946240	
		地　積	120.19　m2	36.35 坪

地　番	② 994-8			
NO	X_n	Y_n	$X_n \cdot (Y_{n+1} - Y_{n-1})$	距　離
K508	33308.931	27455.704	-499900.436448	9.165
K510	33300.503	27452.104	259977.026921	13.219
K511	33293.823	27463.511	430322.662275	3.863
K401	33297.375	27465.029	119903.847375	5.302
K509	33302.251	27467.112	-310543.490575	13.220
		合　計	-240.390452	
		合　計　面　積	120.1952260	
		地　積	120.19　m2	36.35 坪

地　番	③ 994-9			
NO	X_n	Y_n	$X_n \cdot (Y_{n+1} - Y_{n-1})$	距　離
K510	33300.503	27452.104	-499773.949024	9.166
K512	33292.074	27448.503	259911.221718	13.220
K513	33285.394	27459.911	387342.129978	0.584
K405	33285.931	27460.140	119829.351600	8.582
K511	33293.823	27463.511	-267549.161628	13.219
		合　計	-240.407356	
		合　計　面　積	120.2036780	
		地　積	120.20　m2	36.36 坪

地　番	④ 994-10			
NO	X_n	Y_n	$X_n \cdot (Y_{n+1} - Y_{n-1})$	距　離
K512	33292.074	27448.503	-485931.112104	8.116
139	33284.610	27445.315	246172.975560	13.643
141	33276.001	27455.899	485696.510596	10.214
K513	33285.394	27459.911	-246178.774024	13.220
		合　計	-240.399972	
		合　計　面　積	120.1999860	
		地　積	120.19　m2	36.36 坪

総合計面積	480.7935140　m2

作成者	[redacted] 土地家屋調査士 [redacted]　（平成 30 年　5 月　28 日作成）

分筆の場合は、「土地賃借料算定調書及び土地明細書」には分筆前の面積が記載されているので、登記簿と地籍測量図を確認して分筆された部分の情報が正しいかを確認します。私が購入したキャンプ瑞慶覧も４つに分筆されたうちの一つでした。

現地調査をすることなく、書類の確認だけで不動産が買えるというお手軽さが軍用地投資の特徴です。不動産業者の立場からすると、一般家屋などの取引でかかる現地案内の人件費などのコストが必要ないので、最もコストのかからない業務といえます。そんなこともあって、沖縄には、「軍用地専門」をうたった不動産業者が数多くいるのだと思います。

ステップ2　購入の申し込み

買い付けで強い意思を示すことが大切！

3点セットを確認して購入したいと思ったら、売買を仲介する不動産業者に「買付証明書」を提出して売主に「この軍用地を買いたい」という意思表示をします。

決まった書式はないので自分で作成することも可能ですが、たいていは不動産業者にテンプレートがあります。記載内容は、購入を希望する軍用地の平米数や所在地、購入希望金額、手付金の額、支払い方法（現金又はローン利用の有無）、希望する契約締結時期、物件の引き渡し時期などです。

売主側は受け取った買付証明書の内容に問題がなければ、仲介業者に対して「売渡承諾書」を提出し、購入希望者と売主との間で正式な売買契約を結ぶための準備や手続きが開始されます。

ただし、買い付けを入れているのは一人だけとは限りません。むしろ軍用地には複数の買い付けが入ることは当たり前で、その中から最終的な買主をどのように選ぶかは売主次第です。

たとえば、ある不動産業者では複数の買い付けが入った場合、申し込み順に3名までと決めているそうです。その3名の情報を売主に提供して、売主は現金か融資か、県内在住か県外在住か、決済まで何日かかるのか……といった内容を検討して買主を決めるそうです。単純に申し込み順だけで決まることもありますし、業者によっては2、3日待ってくれることもあります。

買い付けを入れる際に販売価格よりも高い価格を提示するなど、他の購入希望者より有利な条件をつけることも可能です。買い付けを入れるのが一番早かった人が俗にいう「一番手」として第1交渉権を得ることが多いですが、現金で支払う旨を記載している人、最も高い購入希望金額を提示した人なども有利になる可能性が高いので、戦略的にこういった条件を使うことも考えられます。また、本来は支払い義務があるものではありませんが、「どうしてもこの物件を購入したい！」という強い意思を示すために申込金（手付金ともいいます）を払うのもテクニックの一つです。購入に至らなかった場合は返金されるので、私は「買付証明書」とセットで必ず用意するようにしています。

考えるより即行動、買い付けは時間が命

不動産を買うときの成功の条件として、良い物件を見極めることが重要だというのは周知の事実でしょうが、ほかにもう一つ欠かせないことがあります。それは高い競争率を勝ち抜く「即決力」です。良い物件ほど、モタモタしていると他の人に取られてしまうものだからです。

不動産は非常に高価な買い物です。いい物件に出合ったらじっくりと検討を重ねたいところですが、残念ながらお買い得な物件は「足が速い」のです。

たとえば、Aさんが1000万円で売りに出ている軍用地の購入を検討しているとしましょう。これが本当にお買い得な物件だとしたら、買うかどうかの決断はその日のうちに……いいえ、その日のうちでは遅いかもしれません。Bさんも、Cさんも購入を検討している状態であれば、場合によっては数時間、いや30分で判断しなければならないのです。たとえ1000万円の買い物であっても、1000円の買い物と同じように、即断即決していくことが必須となります。

では、どうすれば判断のスピードを早めていくことができるようになるでしょうか？

その際に重要なのは「判断基準を明確にすること」です。軍用地でいえば、「販売価格、施設、倍率」などについて、明確な自分の基準を持たなくてはいけません。まずはじっくりと、それぞれについて自分なりの基準は何なのかを考えてみてください。

たとえば、私の場合、「販売価格」は手持ちの現金が基準となります。生活の維持に必要な現金から投資に回せる現金はいくらなのかを検討し、その資金の中で諸費用もまかなえる価格までと決めています。「施設」は前述のとおり、返還予定がない米軍施設の中で軍用地料の値上がり率の高い宅地見込み地の物件。最後に「倍率」は、施設ごとの相場の倍率の「平均以下の倍率」、つまり割安なものに照準を合わせています。

３つの基準がすべて当てはまる軍用地を見つけることはまれだと考えています。そこで私は３つのうち２つの基準に合致するのを目安にしています。「販売価格」と「施設」又は、「販売価格」と「倍率」といった具合です。

一番判断に悩むのが「倍率」だと思いますが、日頃から情報収集を重ねて相場の感覚を養っていると、自分の基準に合致した情報に出合えば瞬間的に分かるようになってきます。情報収集は地味な作業ですが、それを続けることが「判断スピードを早めていく」近道だと私は思います。自分の基準が決まったら、それを手帳などに書いて、いつも目に入るようにしましょう。そうすれば、自然と頭の中で基準が明確になり、判断のスピードを上げることができます。

さらに数をこなすことで基準はより明確に、判断のスピードもより早くなります。とにかく多くの物件情報に当たり続けるというのは、実践を兼ねたトレーニングになります。第3章でも触れましたが、ネットサーフィンで自分の基準に合ったキャンプ瑞慶覧を見つけたとき、「これだ！」と直感的に判断してわずか数分で不動産業者とコンタクトをとりました。この即断即決がなければ、私はこの軍用地を手に入れることはできなかったでしょう。私がこのとき即断即決できたのも、自分の基準が明確だったからです。その基準に照らし合わせてみたとき、このキャンプ瑞慶覧は明らかにお買い得だったわけです。

実際に不動産投資などの経験がある人ならピンとくるでしょうが、条件の良い物件というのはそうそう出てくるものではありません。もしそういった物件を見つけたら、迷っているヒマなどないのです。すぐに押さえてしまわないと、ほぼ確実にライバルが持っていってしまいます。ですから、そうならないためにも、投資の基準を頭の中に叩き込み、情報を目にしたら無意識レベルで判断して行動に移せるよう、日頃から多くの物件情報に接して即決力のトレーニングを重ねておきましょう。前述のとおり、私はその日頃のトレーニングを怠り、勘が鈍ったため、ありえない倍率の嘉手納飛行場をみすみす逃してしまいました。さて、買付証明書を出す際には、まずは不動産業者に電話を入れ、どのような形態で提出すればいいか確認します。ＰＤＦでメール添付という業者もあれば、ＦＡＸで対応する業者もあります。私の場合は、翌日開店と同時に、店へ出向いて買付証明書に必要事項を記入して押印しました。押印は実印である必要はなく、認印で大丈夫です。ここで気をつけたいことは、後ほど詳しく説明しますが、「地料の日割り精算の有無」の確認です。日割り精算がなければ価格交渉を行いましょう。売買契約締結日イコール引き渡し日となりますので、希望があれば日時を不動産業者に伝え、調整してもらいましょう。中にはゲンを担いで「大安」などの日に設定する投資家もいるそうです。

ステップ3　資金計画

最初は現金購入がベスト

軍用地を購入する際には、「現金購入」と「融資購入」の2つの方法があります。

現金購入のメリットは、当然ですがローンの支払いがないので、地料がそのまま利益として残ります。定期預金より高利回りであるだけでなく、別のローンを借りる際の共同用担保としても利用できます。

現金購入のデメリットは、融資購入と比べて投資した自己資金に対して得られる利益の割合（投資回収率）が低いため、多額の現金が必要となることです。

一方、融資購入のメリットは、レバレッジを活用できること。融資によって他人の資本を使うことで現金購入と比べて投資回収率は高くなり、収益性が高くなります。また、自己資金を貯める時間が必要ないので、短期間で多くの軍用地を入手できます。

融資購入のデメリットは、融資の金利が軍用地の利回りよりも高いと利益がマイナスになることです。また、購入時にマイナスになっていなくても、金利が変化することによって収益も上下してしまいます。金利が上昇すると返済額も増えるので、利益がマイナスになったときの支払いに充てるための現金を残しておかなければなりません。最悪の場合、返済できなくなって破綻する危険さえあります。

現金購入のデメリットで人生が狂うことはありませんが、融資購入のデメリットは人生を大きく変えてしまう可能性があります。私は、初めての投資で立ち上がれないようなリスクを負うことは避けるべきだと考えているので、手持ちの現金の中から投資に回せる範囲内で、少額物件から始めることをおすすめしています。

地主は相続税を現金で支払うため、軍用地を分筆して売りに出します。いわゆる「切り売り」物件といわれている500万円以下の物件は比較的数が多く、価格的にも手を出しやすいと思います。

私も最初に購入した金武町の「キャンプ・ハンセン」の物件では、販売価格232万円を満額現金で支払いました。私が少額物件から軍用地投資を始めて良かったのは「経験」を積むことができたことです。いくら少額だといっても数百万円の投資です。たかが数万円の株式投資において、連日、株価の乱高下で本業が手につかなくなるほどだった私にとって、人生を左右する大きな投資経験でした。その経験で培った売買契約の流れやリスクに備える知識、物件の価値判断などを次の購入に活かすことができました。

　軍用地ならではの取引慣行があるので、それをまず体験することが必要です。また、現金で軍用地を購入することで銀行からの信用も高くなり、次に融資を受ける際に非常に有利となります。

　現金購入を推奨する理由はもう一つあります。あるセミナー参加者の話です。「いち早く買い付けを入れたのですが、融資を利用する条件だったので、残念ながら、２番手以降の現金購入希望者に契約を奪われました」と嘆いていました。融資よりも現金の購入希望者を優先する売主は多くいます。このように買い付けを一番に出しても契約できない可能性もあるので、やはり現金購入が一番確実ということになります。

ステップ4　売買契約と引き渡し

売買契約を結ぶ際のポイント

初めて軍用地を買うときには「本当に大丈夫か？　だまされているのではないか？」と心配になるのも無理はありません。実際、私も最初に軍用地を購入したとき、同じように思いました。しかし、不動産業者と売買契約をする際には、必ず宅地建物取引士が「重要事項説明書」の説明をすることになっているので大丈夫です。説明を怠れば、不動産業者は処分を受けることが法律で定められています。

この重要事項説明書に記載されているのは、大きく分けて「対象物件に関する事項」と「取引条件に関する事項」です。

「対象物件に関する事項」では、①重要事項説明書にある購入予定軍用地の所在地・面積が登記簿上の所在地・面積と相違がないこと、②現況が軍用地であること、③借地人が防衛省であること、の3点を確認してください。また、抵当権が設定されている場合は、売主がその物件を担保に金融機関などから借り入れを行っている場合がほとんどです。通常は抵当権を抹消することが売買の前提となるので、売主に確認しましょう。

「取引条件に関する事項」には、売買代金の総額、手付金額、契約の解除に関する事項、融資取扱金融機関などが記載されています。購入を検討するなかで確認していた情報と異なる説明はないか、その他気になる事実はないかなど、しっかりと確認することが大切です。

その後の売買契約の流れについては通常の不動産の売買契約と同じです。「不動産売買契約書」の内容を確認して売主・買主が署名及び捺印し、各自1通を保有します。

売買契約締結後、買主は売買代金を売主に支払い、代金と引き換えに売主から所有権移転登記の申請手続きに必要な「登記識別情報」(別名、権利書)などの書類を受け取ります。所有権移転登記を司法書士に依頼する場合は、売買契約締結時に同席してもらい、その場で売主から受け取った書類を司法書士に渡し、司法書士はその日のうちに法務局で所有権移転登記の申請手続きを行います。この所有権移転登記の申請をもって引き渡しとなります。登記完了までおよそ2週間。完了すると司法書士から「登記完了証」と「登記識別情報」が送られてくるので、大切に保管してください。登記識別情報を紛失してしまった場合は、再発行はできないため、別の手段により本人確認を行う必要があり、追加費用を負担することになるので、絶対なくさないようにしましょう。

軍用地主会に加入するメリット・デメリット

物件の引き渡し後、一般的な収益物件なら管理会社との打ち合わせや、場合によってリフォームやリノベーションをする必要があります。軍用地に関しては特に何もすることはありませんが、ただ一つ「地主会への加入手続き」があります。

軍用地を購入すると、必ずといっていいほど、地主会（沖縄県軍用地等地主会連合会＝第1章で紹介した「土地連」の会員組織）へ入るよう不動産業者からすすめられます。私も初めて軍用地を買ったときには、不動産業者にいわれるまま地主会へ加入しました。当時は加入することが当たり前だと思っていたからです。しかし、実は、地主会へ加入する加入しないは個人の自由です。今は私も加入するべきなのか、はなはだ疑問です。

地主会は、米軍基地や自衛隊基地が所在する市町村ごとに設立されています。沖縄県ではアメリカ統治時代から本土復帰後、現在に至るまで、軍用地や地主などについてさまざまな問題が起こっていることは、第1章でも述べたとおりです。地主会では、このような軍用地に関わる問題解決や地主の財産保護、福利厚生などに取り組んでいます。

地主会に加入すると、軍用地料は沖縄防衛局を通じて一括して各地主会へ振り込まれ、各軍用地主へ振り分けられます。地主会へ加入するメリットは次の2つです。

①軍用地料が早く支払われる
②低利な共済融資制度を活用できる

先ほど「軍用地料は例年、沖縄の旧暦のお盆の時期（8月頃）に支払われる」と説明しましたが、実はそれは地主会に加入している地主だけです。地主会に加入していない個人の所有者への支払い時期は、8月以降となります。遅い場合だと12月頃になることもあります。なぜなら、年間数万件の軍用地料の支払い事務手続きが膨大で、沖縄防衛局の処理能力の限界を超えているからです。そのため、市町村ごとに支払えばいい地主会が優先となり、個人の所有者への支払いは、地主会への支払い手続きの後になってしまうのです。軍用地料をローンの返済などに充てている地主にとっては、地料の振り込み時期が一定していないと、返済計画に支障をきたすことがあります。そのような場合は、それぞれの米軍基地が所在するエリアの地主会への加入をおすすめします。

２つ目のメリットについては、地主会の共済会に加入することが前提となります。拠出金10万円と手数料１０００円を納めると、所有している軍用地を担保に最高３５００万円、融資期間35年以内、利率は長期プライムレートの変動金利で１・40％（２０２３年10月１日から２０２４年３月31日までの融資実行）という条件で、沖縄の金融機関を通じて融資を受けられるのです。もちろん、保証人は原則不要です。

この共済融資制度を活用して、自営業の方が事業資金を確保したり、さらに軍用地を買い進めたり、給与収入などがないご高齢の方が自宅のリフォーム資金や孫の教育資金に役立てているケースも多いと聞いています。また、共済会に加入している地主の一親等以内、つまり、配偶者や子供などが新規に軍用地を購入する際にも共済会融資制度を活用できます。ある30代の男性が牧港補給地区を購入する際、その男性の父親がホワイトビーチ地区の地主だったので、一部資金を共済融資制度を活用して購入することができ、地主の息子で良かったと喜んでいました。

デメリットにも目を向けなければなりません。それは、年間の軍用地料に対し、年会費がかかることです。年率が0・3％の地主会だとすると、年間100万円の軍用地料に対して3000円の年会費がかかることになります。

それが10年分になると3万円以上になります。軍用地料が年々上昇するにつれ、年会費も同様に上昇し続けます。大手都市銀行の定期預金（10年）の金利は0・2％です。比較的高金利といわれる大手ネット銀行住信SBIネット銀行の定期預金の金利（5年）でさえ0・2％程度です。年会費は、その3倍も軍用地料にずっしりとのしかかってきます。

最近では、地主の人数が徐々に増えてきたこともあり、地主会の事務作業の負担が増え、嘉手納町地主会では、新規の100坪未満の地主は、原則として、地主会への加入は認められなくなりました。

おそらく、近い将来、他の地主会も同様な措置をとるかもしれませんし、地主会へ納める年会費の値上げも容易に想像できます。地主会に加入するかどうかは、あくまで個人の自由です。メリット・デメリットの両面をよく考えて判断すると良いでしょう。

第6章

軍用地投資の拡大

資産を大きく増やすには借り入れ戦略が重要

これまで説明してきたように、私は、最初に軍用地を購入する際は現金で購入することをおすすめしています。ここで断っておきますが、県外に居住している方が軍用地を購入する際、地元金融機関で借入を起こすことは、非常にハードルが高いといわざるを得ません。医者や弁護士などの高属性、資産を潤沢に持っている富裕層、沖縄に不動産や事業を営んでいる方でないと、融資を引き受けてくれないのが現状です。

なので、優良物件の売買情報は足が速いので、あらかじめ現金を用意しておいて、これぞと思った物件ですぐに動ける人が強いです。小さい物件でもいいので、とりあえず、現金で軍用地を所有することが先決です。

そうはいうものの、なるべく自己資金を手元に残して軍用地を購入したいと考えている方、軍用地投資を拡大していきたいと考えている方には、金融機関からの融資がおのずと必要となってきます。最初はスピードが大事なので現金に勝るものはありませんが、現金購入だけでは資金に限界があり、資産を拡大するのに時間がかかってしまいます。

金融機関は株式投資やＦＸをするためにはお金を貸してくれませんが、不動産投資にはお金を貸してくれます。なぜなら、不動産にはそれ自体に「担保価値がある」からです。万が一、投資家が金融機関にお金を返済できなくなっても、金融機関は不動産を差し押さえて売却することで融資した資金を回収することができます。

金融機関から融資を受けて軍用地を購入する場合、借入額に自己資金を加えた金額が購入可能な価格となります。以前はオーバーローン（物件価格の全額に加えて諸経費も含んだ借り入れ）を組めた時期もありましたが、最近の傾向としては、フルローン（物件価格の全額）を組むことは、厳しくなりました。また、現時点において、沖縄県以外の方が軍用地ローンを申し込むのは、原則、門前払いとなっています。現金購入が良いでしょう。

厳しくなった理由として、行きすぎた軍用地の高騰を沈静化させるため、軍用地向け融資の伸び率を抑えること、また、短期売買を繰り返す県外不動産会社が増えてきたので、金融機関の利息収入が減少すること、さらに県外投資家の返済が滞った際の債権回収に手間がかかることなどが考えられます。

私が嘉手納弾薬庫地区を購入した２００７年頃はオーバーローンを組むことができました。当時は、軍用地の利回りよりローンの金利の方が低く、その金利差は１・５％程度あったので、１・５%の定額積み立ての金融商品と考えて、オーバーローンを組みました。

　現在でも物件によっては可能性がゼロではありません。ただ、個人の属性や資産状況が良ければ低金利の借り入れも可能ですが、そうでない方には軍用地の利回りより金利の方が高いこともあり得るので、かつてのようにはいかなくなっているというのが実情です。

　軍用地のための融資を初めて検討する場合、私は「理想は物件価格の２割程度の自己資金」を提案しています。たとえば、嘉手納飛行場の物件が地料10万円、倍率57倍、販売価格５７０万円という条件で売りに出されていると仮定します。金融機関が提示する融資額が５００万円としましょう。販売価格に融資額が足りない分として80万円は自己資金が必要になります。それ以外にも、税金や仲介手数料などの諸費用として価格の７%程度が必要となり、５７０万円×７%＝39・９万円になります。つまり融資額以外に70万円＋39・９万円＝１０９・９万円が必要というわけです。１０９・９万円÷５７０万円＝19・２%。それにある程度の余裕をみて、自己資金を約２割と提案しているのです。

　私の周りの軍用地投資家は、自己資金を極力使わずに借り入れを起こして軍用地を購入しています。なぜなら、たとえ軍用地と同程度の金利で借りたとしても、軍用地の市場価格がそれを上回っていれば利益が出ると考えているからです。たとえば、購入時の軍用地の利回り2％＝金融機関の金利2％だとしても、地料は年平均1％上昇し、新型コロナウイルスの影響で落ち込んでいた市場価格に底打ちの兆しがでてくるのを見越して、「ここぞ！」とばかりに購入しています。このように軍用地の資産価値が上昇し続けているため、銀行をはじめとする金融機関から融資を受けて軍用地に投資するだけで「財テク」となるのです。そのことを熟知しているので、誰よりも早く多くの軍用地を手に入れるべく、物件価格の1割程度の自己資金で借り入れを起こしている投資家もいるくらいです。自己資金を多めに入れるか、少なくするかのバランスは、購入者の考え方次第です。

「多くするとどうなるのか、少なければどうなるのか」は、購入する物件や融資条件によっても変わります。借り入れが多いほど金利上昇時の返済負担は膨らみます。借り入れが少なければ当然、影響も小さくて済みますが、自己資金を多くするということなので手持ちの現金は少なくなってしまい、短期間に軍用地を購入して増やしていくのは難しくなります。このように、資金調達の方法には、誰にでも当てはまる一般的なセオリーがないといえます。検討すべき事項が非常に多岐にわたりますし、物件の条件、金融機関が示す金利や融資期間によっても左右され、個人ではなかなか正確な判断がしにくいところです。やはり軍用地投資の専門家や経験者、そういった人が周りにいなければ家計に関わる幅広い知識を有するファイナンシャルプランナーなどに相談しながら進めていくのが賢明ではないでしょうか。

融資の可否と金額は金融機関の評価次第

自分でも融資を受けることができるのか、不安に思う読者の方もいるかもしれません。すでに不動産投資をしたことがある方はご存じのことと思いますが、ここでは一般的な不動産投資の融資の疑問について説明しておきます。

「不動産の融資というと、多くの人になじみがあるのは「住宅ローン」ではないでしょうか。一般的に、投資用の収益物件への融資は住宅ローンよりも審査が厳しいといわれています。住宅ローンの場合は、「本人が住むため」の不動産に対する融資ですので、本人に安定した収入が見込めれば基本的には融資を受けることができます。

一方、不動産投資は、「本人が住むため」ではなく、「収益を上げること」が目的の不動産購入です。つまり、本人の生活プラスアルファの「不動産経営という事業」に対する融資になるので、本人の収入だけではない厳しい基準で審査され、場合によっては融資が下りないということもあるのです。

さらに、融資が可能だということになっても、どのくらいの額を受けることができるのかについては、主に個人の経済力や職業といった「属性」と「物件の評価」で違ってきます。

融資を受けるにあたって、まずポイントとなるのが個人の属性です。融資を受ける本人に返済能力があるかどうかを金融機関が判断します。その条件はさまざまです。

一つ目は、年収。金融機関によって条件は異なりますが、年収400万円が一つの基準と考えられます。多ければより融資を受けやすくなりますが、これに満たないからといって融資を受けられないわけではありません。

二つ目は、勤務先です。大手であったり優良企業であったりと、会社の信用が高ければ本人の信用度も高くなります。弁護士や医師などであれば、なおのことハードルが下がるでしょう。

三つ目は、勤続年数です。勤続年数でチェックされるのは収入の安定性です。金融機関は一般的に転職を一度経験した人は転職を繰り返す傾向があると見なしますし、終身雇用がまだまだ続いている日本では転職をすると年収は低下する傾向にあると判断されます。

一方、長く勤務しているということは、本人の収入が安定しているということになり、長く勤めればそれに応じて年収も高くなると考えます。そのため、本人の経済状況も高く評価されるのです。こういったロジックによって、一般的に勤続年数が3年に満たない人は、融資審査でマイナスの評価を受ける傾向にあります。

その他、借金の有無やキャッシングの利用状況、自己資金の有無などにもより、総合的に判断されます。繰り返しになりますが、どれか一つのポイントが低いからといって融資を受けられないわけではありません。

融資を受ける際に、もう一つのポイントになるのが購入する物件です。当たり前のことですが、これが一番重要です。不動産投資は不動産経営であり、事業としての安定性があるかどうかがポイントになります。事業としての安定性が確保できるかを判断する上で、物件の収益性の高さ、つまりは利回りの良さが基準の一つになります。

さらに、物件の担保価値も重視されるポイントです。

担保価値とはその不動産が「いくらで売れるのか」で算出した金額のこと。この価値を算出することを一般的に「担保評価」といい、担保価値は「担保評価額」ともいわれます。

高く売れる不動産は担保評価が高く、安くしか売れない不動産は担保評価が低いということになります。

担保評価が高ければ金融機関は融資をしやすくなります。なぜなら、融資したお金が返済されなかった場合に競売などで不動産を処分する際、担保価値が高ければ確実に資金を回収できるからです。競売などでは市場価格以下で処分せざるを得ないので、担保評価額は一般的に市場価格よりかなり低くなります。

金融機関はこの2つの評価軸を使って「個人の属性×担保評価」で融資の判断をします。単純化していえば、まず属性による融資額の大枠があり、同時に担保評価額が算出されて、2つを突き合わせて実際の融資額が決められるということになります。この原則を知っておきましょう。

それでは金融機関は担保評価額の範囲内でしか融資をしないのでしょうか？　答えはノーです。確かに、担保評価額が低ければ融資額は基本的に少なくなります。しかし、物件の担保評価額を超える範囲の融資は「信用」で貸し出されることもあります。

「信用」は主に属性や給与の振込先としてその金融機関を利用しているのか、預金額、住宅ローンの返済など、今までの取引状況で判断されます。

たとえば1億円の物件を1億円の借り入れで取得したとします。金融機関の担保評価額が７０００万円だとすると、差額である３０００万円は信用での貸し出しということになります。この信用による貸し出しの額は、申込者の属性や取引実績によって変わるのです。

融資額が担保評価と個人の属性で決まる仕組みがお分かりいただけたでしょうか。自分が不動産を購入するとき、どれくらいの融資を受けられるのかを知るための参考にしてください。

ここだけは押さえたい軍用地の担保評価とは

担保価値とはその不動産が「いくらで売れるのか」で算出した金額のこと。この価値を算出することを一般的に「担保評価」といい、担保価値は「担保評価額」ともいわれます。高く売れる不動産は担保評価が高く、安くしか売れない不動産は担保評価が低いということになります。

担保評価が高ければ金融機関は融資をしやすくなります。なぜなら、融資したお金が返済されなかった場合に競売などで不動産を処分する際、担保価値が高ければ確実に資金を回収できるからです。

では、軍用地の担保評価は具体的にどのように算出されているのでしょうか。ここでの担保評価とは金融機関の融資額を意味します。沖縄の金融機関では、年間の軍用地料と基地ごとに定めた所定の「融資倍率」を掛け合わせた額が担保評価となります。

たとえば、嘉手納飛行場のある物件の年間の軍用地料が100万円としましょう。相場の倍率は52~57倍ですが、各金融機関の「融資倍率」は、45~50倍といわれています。軍用地料にその融資倍率を掛け合わせた4500万~5000万円が担保評価額（融資額）となります。

担保評価額（融資額）＝年間軍用地料×基地ごとの融資倍率

ここで、注意していただきたいことは、各金融機関によって、基地ごとの融資倍率が異なることです。先ほどの嘉手納飛行場の例で融資倍率を「45~50倍」と幅を持たせたのもこのためです。さらにもっと違いのある軍用地もあって、たとえば、嘉手納弾薬庫地区などは金融機関によって35~40倍と、10倍もの開きがあります。ですので、融資での購入を検討している軍用地がある場合は、事前に金融機関に出向いて担当者に問い合わせるとい

嘉手納飛行場の平均倍率の推移

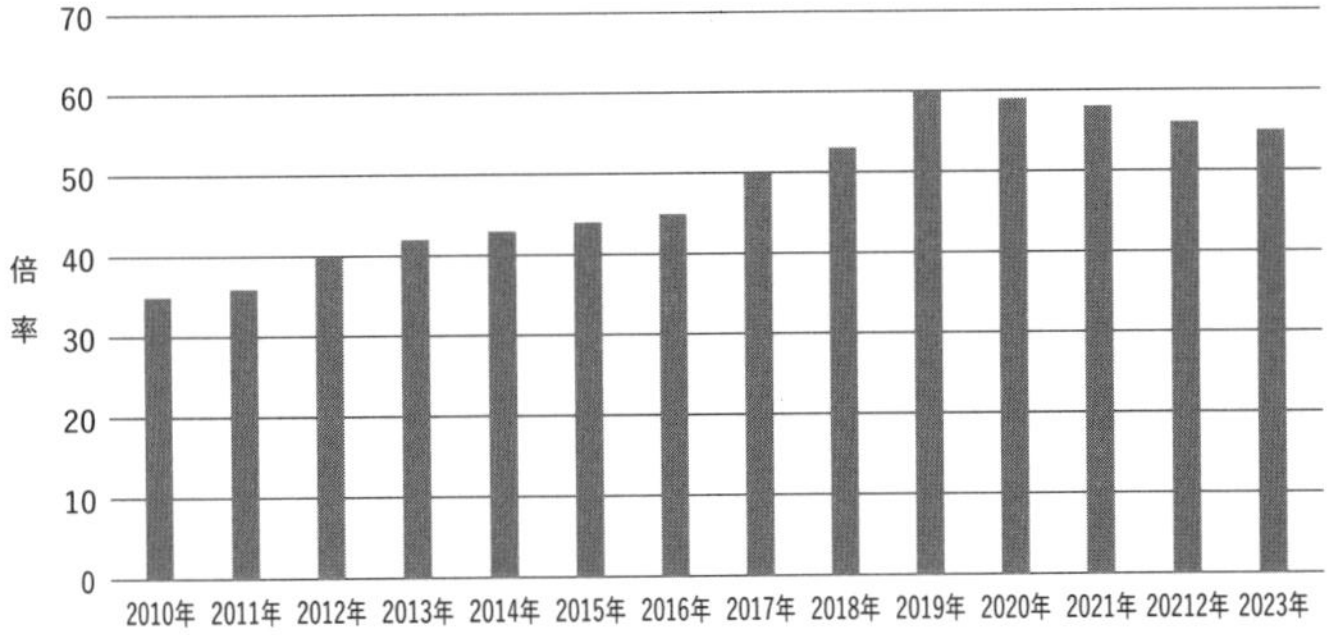

出典：著者による編集

いでしょう。

私が調べたところ、嘉手納飛行場や航空自衛隊那覇基地など返還リスクが低い施設ほど、融資倍率は高くなる傾向にあるようです。また、返還予定のある基地でも、浦添市の牧港補給地区は沖縄県の中心都市、那覇市に隣接していることから、利便性が高く開発が見込まれるため、高い融資倍率が設定されています。逆に嘉手納飛行場と同じく返還リスクが低いものの、沖縄県北部の離島に所在する伊江島補助飛行場は、相場の倍率40～45倍に対して融資倍率は30倍と低く設定されているようです。なぜなら、伊江島村の土地の価格が安く、固定資産税も同様に低いからです。

実は、販売価格を決める相場の倍率と融資倍率には相関関係があります。たとえば、嘉手納飛行場の相場が57倍なら融資倍率は50倍、嘉手納弾薬庫地区の相場が48倍なら融資倍率は40倍というように、相場と融資倍率には一定の差があります。相場の倍率より融資倍率が低く見積もられるので、市場での販売価格より担保評価額（融資額）が低くなるのです。

数年前にある金融機関が融資倍率を引き上げました。すると他の金融機関も追従し融資倍率を見直しました。するとどうでしょう。融資倍率が上がったことで相場の倍率も上昇し、１７８ページの嘉手納飛行場の倍率のグラフのように２０１７年頃から軍用地の相場の倍率も急上昇することになったのです。

融資の申し込みと必要な書類

では、実際に融資を利用するときの事務的なことを押さえておきましょう。賢くローンを組むことは、軍用地投資を成功させるための重要なポイントの一つ。事前によく準備をし、最初のステップでつまずくことのないよう十分に注意したいものです。

融資の必要書類を提出するタイミングは、基本的には買い付けを入れて物件を確保した後になります。事前に口座を開いているなど、特定の金融機関と取引関係がある場合はその金融機関に融資を申し込みます。しかし、そういった事前準備がない場合、前述の５つの金融機関のうち、どこに融資を申し込んだらいいのか分からないと思います。その場合は不動産業者に金融機関を紹介してもらってもいいでしょう。

　軍用地に対する融資も一般的な収益物件に対する融資と同じで、物件を購入する場合の必要書類は次のとおりです。ただし、金融機関によっては必要な書類が異なることもあり、書式もさまざまなので、事前に金融機関に問い合わせて確認しておきましょう。

①身分証明書……運転免許証又は健康保険証のコピー
②源泉徴収票……２期分
③確定申告書……確定申告している場合、２期分の写し
④住民票謄本……１部程度
⑤印鑑証明書……１部程度
⑥納税証明書……２期分
⑦給与明細……直近３か月分
⑧金融資産の一覧……預金、株式、保険の保有額と合計を表にしたもの。株式投資など

　の年間取引報告書、保有資産の残高証明書など（仮審査通過後に提出を求められることが多い）

⑨保有不動産の一覧……アパート、マンション、貸し付けている土地などの収支を表にしたもの

⑩返済予定表…………ほかに借り入れがある場合

　これに加え、購入予定の軍用地に関する書類が必要になります。対象となる軍用地の土地賃借料算定調書や登記簿謄本、公図、固定資産評価証明書を提出することになりますが、それらは不動産業者から入手できます。金融資産の一覧には、預金、株式、保険、定期預金など即時換金できないものも含め保有資産はすべて記載しましょう。融資を内定させるには保有資産が多いほど有利になります。

　必要書類の中には取得までに時間がかかるものもあります。住民票や印鑑証明書は市区町村役場で、納税証明書は税務署で取得しますが、予想外に手間や時間がかかる場合もあるので、余裕を持って準備をすることをおすすめします。

　初めて融資を受ける際は、必要書類を用意するだけでも時間がかかります。金融機関か

ら提示された金利が存外に高いなど、融資条件が事前のシミュレーションを大きく外れるような場合にすぐに別の金融機関へ申し込めるように、必ず複数セットの必要書類を用意しておきましょう。

必要不可欠な書類は早めに用意しておくことで、余裕を持って金融機関を回ることに集中できます。自らの準備不足が原因で物件取得の機会を逃すことのないようスピード感と緊張感を持って取り組んで欲しいと思います。万全を期して融資申し込みに臨んだのであれば仕方がありませんが、必要書類を揃える時点で怠慢や不備があったせいで融資が下りないというのはとても残念です。

一般的にローン特約期間は1か月程度とされています。ローン特約とは金融機関で融資がとおらなかったときに売買契約を白紙撤回できる特約条項のことです。軍用地は金融機関の担保評価が非常に高いので、融資を断られることはほとんどありません。しかし、万が一、融資を断られたり条件が合わない場合は別の金融機関に申し込むことになるので、審査結果が出るまでの期間がさらに必要となります。場合によっては特約期間をすぎて売買契約が白紙になってしまうことも考えられます。

限られた時間を有効に使うために、可能であれば融資の申し込みは複数の金融機関に並行して行うといいでしょう。たとえば、A銀行が3%、B銀行が2・95%の金利を提示してきた場合、A銀行に「B銀行は2・95%を提示しています。御行はもっといい条件は出せませんか」と天秤にかけて交渉することもできます。A銀行が金利引き下げに応じてくれたらしめたものです。

金融機関が求める書類は、買主に融資を行うかどうかを決定する上で大変重要な資料です。迅速に融資内定を受けるためにも、求められた書類は万全の準備で速やかに提出しましょう。

地主会の共済融資制度を活用してローンを借り換える

先日、私の友人が初めて軍用地を購入しました。その際、給与の振込口座として取引のある沖縄の銀行で証書貸付型軍用地主ローンを申し込んだそうです。融資の審査は通りましたが、提示された金利が3・2%という悪条件。

通常、軍用地投資を含めた不動産投資においては、物件の利回りより低い金利で融資を受けることが鉄則です。不動産投資の失敗は、手元に現金がなくなって事業を続けられなくなったケースがほとんどです。そこで、なるべくコストを減らすことを考え、いかに手元に現金を残し続けるかが重要なポイントになります。

第5章の「軍用地主会に加入するメリット・デメリット」で紹介したように、地主会に加入すると、低金利の共済融資制度を活用できます。前述のとおり、私は共済融資制度を活用して銀行から共済会へ、低金利の借り換えに成功しました。

手元の現金を減らす主な原因ともいえる毎月のローン返済ですが、これを金利の安い共済会のローンに借り換えることで、毎月の支出を抑えることは可能です。借り換えには既に、説明したように拠出金10万円と手数料1000円がかかるほか抵当権の設定費用もかかりますが、それらの費用を考えても借り換えするメリットは十分にあります。

ある金融機関では、給料の振込口座、公共料金の口座振替、定期積立、住宅ローンやマイカーローンの利用などの取引条件に応じて、優遇金利を適用しています。非常に低い金利で融資を実行しています。

融資（当座貸越）に注意

沖縄の金融機関には独自の軍用地主ローンというものもあります。この軍用地主ローンとは、個人の軍用地主又は新規で軍用地を購入する個人を対象にした、保証人不要のフリーローンです。つまり、所有する軍用地を抵当にすれば、資金の使い道は自由にできるものです。

軍用地主ローンには証書貸付型と当座貸越型の2種類があります。

証書貸付型とは、軍用地の売買契約後、いつまでにいくら返済すると決めて、定期的に決まった金額を返済していくものです。一方、当座貸越型とは、用地を担保として借入限度額を設定し、その範囲内で借り入れと返済を繰り返せる融資方式をいいます。

当座貸越型のメリットに、借り入れの都度、金融機関に対して面倒な新規の申し込み手続きを行わなくて済むことがあります。つまり、優良で足の速い「お宝」軍用地を購入するときにこの当座貸越型ローンを活用すると、現金並みのスピードで資金調達ができるので、いち早く買うことができるのです。とても使い勝手のいいローンなのですが、現時点では当座貸越型を利用できるのは県内に居住している方のみとなっています。

当座貸越型のデメリットは、証書貸付型に比べ、少し金利が高いことです。それには、理由があります。当座貸越型の資金用途は、急な出費にも自由に使えるので、銀行側からすると、少しリスクが高いので、金利にも反映されています。実は、借金して、泣く泣く軍用地を手放してしまう人のほとんどが、当座貸越型で融資を受けています。借入限度額まで、借金を重ねた結果、銀行への利息が払えなくなり、軍用地を一刻も早く売却してほしいといわれるケースが多いようです。

そもそも、私は、「融資」と「借金」を区別すべきと考えています。

「融資」は事業で利益を生むために借りるお金で、企業や個人事業主が商品や物件を仕入れる目的に使います。一方、借金は「消費」を意味する言葉で、住宅・車・家電製品・生活費など衣食住を保つために必要な資金を借りることをさします。

自分の収入に見合わないような贅沢のために生活水準を上げてしまっていたり、見栄っ張りや買い物依存症、家計に対する意識の甘さなどから必要以上に浪費してしまったりして、借金をしてしまうということがあります。まずは、生活水準は収入に見合っているか、何に浪費しているのか、どうして浪費しているのかを見つめなおしてみて、これ以上贅沢や浪費しないと決意することが大切です。私は、これまで、まずは現金で軍用地を買うことをすすめてきました。その考えは、今でも変わりませんが、家計を上手にやりくりできる、家計簿を続けられるなど、お金の管理をしっかりしている人には、融資を受けることを提案しています。

第7章

〜実録〜
私たちが軍用地投資の本音を語ります

キッカケは息子が投資したこと

私は、栃木県で先代より70年続くスーパーの経営を生業としています。近年続々と大型店舗が進出し、経営的に厳しい状況もこれまで経験してきましたが、お惣菜や弁当の種類が豊富でリーズナブルと好評を得て、地元のお客様に支えられながら細々と運営してきました。スーパー経営の傍ら、不動産賃貸業も営んでいます。主に底地（土地）の賃貸が中心ですが、ほか企業に貸している建物2棟及び代々受継がれる土地の管理業務も行っています。

そもそも軍用地の存在を知るきっかけは、6年くらい前に、東京に住んでいた息子が教えてくれたことでした。当時、軍用地についての知識はほぼ皆無に近い状態でした。

ある日、息子が『お金持ちだけが知っている！　軍用地投資入門』（自由国民社）の書籍を手にし、勤務していた都内の一部上場会社を辞め、沖縄で軍用地を扱っている不動産会社へ転職したいと相談してきました。そのとき、私は「自分の道や人生は、己の力で切り開くものだ」と諭し、息子を信じて、快く送り出しました。その息子が自信を持ってすすめるなら「軍用地は間違いない」と思い、軍用地購入を決断しました。

とはいえ実際のところ、初めは何だか疑わしいなと思いました。現地を見ることなく、図面や航空写真のみで購入するというのは慣れない取引だったことが理由です。2年前、清水の舞台から飛び降りるつもりで、初めて沖縄市池原の嘉手納弾薬庫地区を購入しました。その後、沖縄市軍用地等地主会より、7月末に初めて借地料が銀行口座へ振り込まれたのを目の当たりにしたときの心境は、今でも脳裏に焼き付いています。本当に軍用地主になったのだと実感できました。

実際に、数千万円もの高額なお金を一度に軍用地に投じることに対して、不安や恐怖はなかったと言えば嘘になりますが、他方で息子が沖縄の不動産会社に勤めていなければ、購入を決断することはなかったでしょう。毎年決まった時期に、しかも年々値上がり続ける借地料が入ってきたとき、徐々にその価値が分かってきました。これが他の不動産にない、軍用地投資の魅力だと。

それから私自身、軍用地について深く考えるようになりました。息子へ「国防上、重要な施設である軍用地を外国人は購入できるのか」と尋ねたとき、「購入事例はほとんど聞かないが、法的には購入できる」と聞きました。そのとき、外国資本に軍用地を買い占められないよう私も購入を進め、「国防を守る一助になりたい」と心に誓いました。当初は銀行に寝かしておく資金があるなら、運用に回した方が良いと考え軍用地を購入していましたが、その考えは徐々に変わりました。

日本の安全保障、国防に対する意識が芽生えたのです。軍用地投資を通して、沖縄への関心が非常に強くなりました。近年続く石垣市尖閣諸島沖の中国公船による領海侵犯の報道を目にするたび、沖縄の情勢を心配しています。軍用地を購入する前は、そのようなことが報道されても当事者意識は持てませんでした。本土にいると、辺野古基地や嘉手納基地に関する報道を耳にすることはほとんどありませんが、軍用地主になり、地主会から定期的に広報誌が送られてくるので、自然と沖縄の基地問題を認知するようになりました。

現在は嘉手納弾薬庫地区、陸上自衛隊那覇駐屯地、伊江島補助飛行場、那覇空港用地、ホワイトビーチ地区、キャンプ・シュワブ、辺野古弾薬庫を所有しています。不動産賃貸業を営む中で、周囲から軍用地の優れている点は何か？　と聞かれることがあります。そのときは、次のように答えています。

一番は「借主の信用力」です。前述のとおり私は、企業に対し底地や建物を賃貸しています。通常の場合、その時の景気や借主の経営状況などにより賃料の値下げや急な賃貸借契約の解除を求められたりすることがあります。ですが、軍用地は借主が日本政府なので、賃料の値下げや賃貸借契約の解除の心配が全く無用なのが何よりも素晴らしいことです。賃料が毎年値上がりを続けることは通常の賃貸経営ではあり得ないことです。

私は、沖縄の方々から貴重な軍用地を譲って頂いたので、これからも末永く軍用地を守っていきたいと考えています。

両親が唯一投資したのが軍用地投資だった

私は、沖縄県本島中部在住の地方公務員の30代男性です。家族構成は、妻、子供が２人です。私は、軍用地を持っていませんが、母が軍用地主です。そもそも母は、生まれながらの軍用地主ではありませんでした。というのが、18年前、国家公務員だった父が、知り合いの軍用地主から、軍用地をすすめられたことが、軍用地との出合いでした。

父は、その軍用地主から、確実かつ安定収入が魅力の軍用地の素晴らしさを教えてもらいました。父は、当時、教員だった母と一緒に、軍用地を探し求め、返還リスクの低い嘉手納飛行場と陸上自衛隊那覇駐屯地を現金で一括購入することを決めたそうです。大学生だった私は、両親が、必死の思いで、積み立てた貯金を取り崩し、８千万円もの大金を駆けずり回って集めていたのを、今でも覚えています。

父は、国家公務員を退職し、半年後に亡くなりました。退職金で、さらに軍用地を買い増ししようかと検討しましたが、結局、購入には至りませんでした。

現在、地方公務員を退職した母は、悠々自適に過ごしています。投資に無縁だった両親が、唯一、投資したのが「軍用地」でした。今では、軍用地料も相当値上がりし、倍率も購入当時では、考えられない程、高くなっています。

18年前、軍用地を紹介してくれた人に感謝するとともに、両親に「先見の明」があったと考えています。今後は、相続が発生したとき、母名義の軍用地の相続について、固定資産税評価額又は軍用地料を3人兄弟で、どのように分けた方が良いのか悩んでいます。とはいえ、私が軍用地を相続したら、一生大切に軍用地を守っていきたいと思います。

軍用地投資の魅力は安定収益にあり

私は、首都圏に住んでいる30代女性です。職業は不動産鑑定士です。

そもそも、私が、軍用地を知るきっかけは、上司から「沖縄では、軍用地が担保物件として扱われている」と聞いたことです。ある企業様から、沖縄県本島のある施設の鑑定評価について、『お金持ちだけが知っている！　軍用地投資入門』（自由国民社）を参考に鑑定を行いました。

私は、軍用地の鑑定評価を行っていくうちに、「軍用地投資」にハマり、軍用地がほしくなりました。昨年、私が保有していた株式が大暴落。私は、かなり凹みましたが、これは、「神のお告げ」かもしれないと思い、以前から気になっていた軍用地、読谷村のトリイ通信施設を現金一括購入しました。

私は、仕事柄、様々な不動産の鑑定評価を行っています。

我々の業界において、J-REIT（ジェイリート）が保有するような大手町のオフィスビルは、あらゆる不動産の中で、最もリスクが低いと言われています。J-REITとは、投資者から集めた資金で不動産への投資を行い、そこから得られる賃貸料収入や不動産の売買益を原資として投資者に配当する商品です。一般的に「不動産投資信託」とよばれています。投資者は、J-REITを通じて間接的に様々な不動産のオーナーになり、不動産のプロによる運用の成果を享受することができます。

そのオフィスビルのJ-REITの利回りは約３％です。軍用地の利回りは、約２％前半の利回りです。実際のところ、軍用地の方がリスクは低いですし、現実的に個人が購入できるのは、軍用地です。それが、私が軍用地を購入した「決め手」なのです。私は、軍用地とJ-REITとの違いは、収益の安定性だと思います。それは、利回りに凝縮されています。J-REITは、不動産市況が上がると賃料収入も上がり、J-REIT価格も上がりますが、その逆もあります。しかし、軍用地は、景気に左右されることなく、全体的に平均で約１％ずつ賃借料は上がっていきます。

普段、私は、軍用地主であることを意識していません。なぜなら、軍用地は、株式と違って、日々、資産が削られることはなく、値動きを心配することがないからです。

私は、軍用地を購入する前は、ほぼ毎日、株価のちょっとした値動きにストレスを感じ、仕事に手が付かない時期がありました。私は、軍用地主になった後、心に余裕が生まれ、仕事に対し、積極的にチャレンジすることができました。

軍用地を購入する前は、株価がちょっと下がっただけで、あたふたしていた私でしたが、軍用地主になった後、果敢にリスクを取ることができ、株式投資の含み益を増やすことができました。不動産鑑定士の私が、これから軍用地投資を始めたい方へアドバイスするとすれば、返還のない施設を購入することを推奨します。融資を受けられる人は、軍用地を担保に、金融機関から融資を引っ張って、他の事業に投資した方が良いです。

毎年、私が、所有しているトリイ通信施設の借地料は、約2％上がります。軍用地は、雪だるま式に値上がり益が見込めるので、投資が苦手な人でも、簡単に始めやすい投資だと思います。

株式投資でも不動産投資でもなく、軍用地投資

私は、沖縄本島中部に住んでいる地方公務員の30代男性です。

家族構成は、妻、子供一人です。私は、米軍基地の近くで生まれ育ちましたが、残念ながら、身内や周囲には、誰一人も軍用地主はいません。

そんな軍用地に縁遠い私は、現在、不動産や軍用地に密接に関わる業務を担当しています。私の業務とは、税金を期限までに納めるのが困難な人や、納付する意思のない人から税金を集める業務に携わっています。督促状を通知しても納付がない場合、徴収部門が税金の回収担当となり、滞納者は担当者と滞納金の支払方法について計画を立てます。

ごく稀にありますが、ある軍用地主が税金を期限内に納めることができなかったことが

ありました。そのときは、私は、沖縄防衛局が、その地主へ軍用地料を振り込む前に、差し押さえしなければならず、沖縄防衛局の開庁時間前から、入口付近で張り込んだことも経験しました。

そのとき、私は、祖先伝来の土地を、なんてもったいないことをするのかと疑問に思いました。それ以来、私は、いつか、必死で貯めたお金で軍用地を購入しようと強く決意しました。

2020年3月のコロナ禍以降、株価が高くなり過ぎたため、その反動で下がるのではないかと心配して、株式の買いを控えるようになりました。そこで、一部の株式を売却して、安定資産の軍用地を購入しました。

軍用地は、書籍やブログで勉強して、返還リスクの最も低い嘉手納飛行場に決めました。嘉手納飛行場への地元愛でもあり、息子に残せる資産としても有効な資産と考えたことも一因です。

当初、不動産に投資しようと考えましたが、不動産投資は、老朽化による修繕費が掛かること、今後の人口減少に伴う空室リスクを考えると、年間の家賃収入から修繕・空室リスクを差し引いた実質利回りは、軍用地投資と大して差はないという結論に至りました。

不動産オーナーが税金滞納に追われている姿を見ているので、不動産を所有し続ける精神的なストレスを考えると、軍用地投資はストレスフリーで安心できます。

これからの資産運用としては、株式投資や投資信託の変動リスクを下げ、変動リスクの低い軍用地へ資産配分に気を付けて、投資を続けていきます。

今後、軍用地を購入される方へアドバイスするならば、軍用地は、株式より換金しにくく流動性は低いです。ということは、販売価格が下がるまで、実際、自分の欲しい物件が、いつ売りに出てくるのか分かりません。

ならば、私は、購入予算を最優先にして、欲しい場所かつ返還リスクが低い施設、種別が「宅地見込み地」を購入すべきだと思います。倍率は、相場と大きくかけ離れていなければ、優先度はそう高くはありません。

沖縄県民の間では、軍用地に対する意見は様々ですが、私は軍用地を購入し、当事者になることができました。私は、周囲には、投資やお金に関する話は、ほとんどしません。特に、軍用地投資はなおさらです。軍用地主の肩身は狭いのですが、定期的に軍用地を買い増しして、資産を形成していきたいと、妻と話し合っています。

将来への不安を解消したかった

私は、本島南部に住んでいる国家公務員の30代女性です。家族構成は、夫、子供2人の4人家族です。軍用地を知るきっかけは、沖縄の新聞広告でした。「嘉手納飛行場50万円」と掲載されていた不動産広告を見て、全く意味が分かりませんでした。そもそも一般の人が、軍用地を持っているなんて思いもよりませんでした。

沖縄に住んで5年が経とうとしていますが、前任地が、北海道だったので、当然軍用地のことは、全く知りませんでした。慣れない生活に慣れるため、沖縄の歴史や文化を学んでいくうちに、軍用地も歴史の一つだと感じました。

今回、初めて軍用地を購入しようと考えたのは、ロシアのウクライナ侵攻で世界情勢が混沌としている状況の中、資産を全て現金で持つことが、非常に不安だったことが一番大きいです。しかも、定年が早い公務員なので、資格もなく将来が心配になりました。

最初は、お小遣い程度を稼ぐつもりでFXを始ましたが、見事に撃沈。それ以降、子供が生まれたので、地道に投資しようと、つみたてNISAを始め、徐々に個別株式にも挑戦しました。つみたてNISAや個別株式に限らず、分散投資を始めようと考えました。その分散投資の一つとして、不動産投資を検討しました。私は、沢山儲けようという考えではなく、資産を保全するために、最も手堅い資産として、軍用地が最適という結論に至りました。

実は、私に軍用地投資を教えてくれたのは、職場の同僚でした。その同僚も軍用地を持っていて、「軍用地は良いよ！」と一冊の本をすすめてくれました。本を読めば読むほど、面白く、単に儲けを煽るわけではなかったことに好感を持ちました。軍用地の歴史を丁寧に掘り下げて、分かりやすく書かれていたのが大変良い印象でした。

周囲からビットコインをすすめられましたが、価値がゼロになるかもしれません。軍用地は、将来、基地がなくなっても土地は残ります。それが良いですね。

20〜30年後は、誰も分かりませんが、思い切って軍用地を買いました！

今やらなきゃ損です。

不動産投資で疲弊　ストレスフリーが軍用地投資の魅力

私は、沖縄県南部に住んでいる会社員の男性40代です。家族構成は、妻、子一人です。

そもそも私は、小さい規模ながらも軍用地を購入し、ゆくゆくは、新築１棟アパートで不動産投資して、自由な生活を夢見ていました。しかし、沖縄県内では、土地なしで１棟アパートを建てることは非常に厳しいものでした。

　そこで、手ごろな価格の中古アパートをインターネットで見つけることができました。立地も沖縄都市モノレール「ゆいレール」の駅から徒歩10分以内、アパートの近くはコンビニや病院もあり、生活の利便性はとても良かったです。

　しかし、難点が一つありました。それは、築年数が30年とかなり築年数が経っていたことです。屋上防水工事もされておらず、外壁も所々、ひび割れがあり、補修工事は必須のボロ物件でした。この好立地で、手頃な価格の物件にお目にかかることは滅多にありません。高利回りが魅力だったので、修繕リスクは十分カバーできる、磨けば光る物件になると自分勝手に信じていました。

　ところが、３年経過すると、屋上もひび割れが相当ひどくなったので、屋上防水工事に取り掛かりました。建物の大きさにしては、費用は50万円程度で意外に安く済みました。安くすんだのは、屋上だけで、次は、１・２階が水漏れで、部屋の中は大損害でした。業者に水漏れの発生原因を突きとめてもらい、いざ、部屋の中を補修するにも入居者が居ると修繕は、はかどりません。

入居者には、一旦、ウィークリーマンションに住んでもらいました。もちろん、その費用はオーナーの私が負担します。やっとの思いで、補修が終わり、入居者に今まで通り、住んでもらおうとしたら、「こんな部屋には住みたくない」と言われ、退去されました。必死の思いで、費用をかけて部屋を綺麗に直したにもかかわらず、こんなことになり、一気に疲れが出て悲しくなりました。火災保険を掛けていましたが、修理費用やウィークリーマンション代は、保険の対象外でした。

不動産投資で自由な生活を夢見ていたのですが、それは夢に終わりました。身も心も疲れ果てたので、その中古アパートを売却に出したところ、意外にも購入した金額より、高い額で売れたので、その売却代金を軍用地の購入代金に回すことができました。それがせめてもの救いとなりました。

今思うことは、簡単に儲かる話には、裏があるということです。改めて、不動産投資の恐ろしさを感じるとともに、私は、精神的にストレスフリーな軍用地が、性格的に合っていると実感することができました。

軍用地は長期的利回りが魅力

株式会社財全ＧＲＯＵＰのグループ会社である株式会社レディースエステート＆ビジネスの業務内容は、土地、建物の売買から仲介、アパート、店舗、駐車場などの管理・仲介業務を中心に事業展開を行い、最近では不動産のリースバックシステムといって買い戻しができる、買取サービスなど幅広く行っております。

所属する仲村氏から軍用地の実情について、聞きました。ちなみに株式会社財全ＧＲＯＵＰとは不動産事業部ファイナンス事業部、ファクタリング事業部、クラウドファンディング事業部からなり、グループ企業のソーシャルバンクＺＡＩＺＥＮは、金融庁の第二種金融商品取引業者として登録されています。

特に、クラウドファンディング事業部のポケットファンディングでは、関連貸付業者と融資を希望する借入主との貸付契約を「不動産担保付きローンファンド」組成をし、投資家から資金調達を募りその利息を投資家に分配しています。

①地主が軍用地を売却する理由について

地主が、相続対策の際、軍用地を売却して、配偶者や子供たちへ分配するために、現金化するケースが多いです。軍用地に詳しい方は、現金化せず、軍用地で相続しています。その理由は、軍用地は、相続税評価額が低いので、節税になることから、現金より軍用地で相続した方が賢明な選択だからです。また、ある地主は、長期保有している軍用地を一旦売却し、その資金で他の施設の軍用地を購入しました。

②最近の軍用地の動きについて

お客様からの問い合わせは、減っています。軍用地の倍率は、以前より下がっています。弊社は、近く現金を要する方から、相場より低い倍率で仕入れることはありますが、積極的に仕入れは、行ってはいません。競売については、物件価格の評価額が高すぎるため、競売で仕入れることはありません。主に下がっている理由は、株式投資や投資信託などの金融商品の選択肢が広がっているからだと思います。手前味噌ですが、弊社のポケットファンディングも好評を得ており、募集を掛けると数時間で受付締め切りになることもあります。軍用地は、長期的な利回りは良いが、短期的な利回りでは、魅力が落ちると思います。

③返還が決まっている牧港補給地区について

浦添市は、牧港補給地区の跡地利用基本計画を公表しています。牧港補給地区に興味

引用：浦添市軍用地跡地利用計画審議員会第18回会議資料

を示している投資家は、その計画の用途地域を詳しく調べています。地主にとって、自分の土地が、商業地域、住宅地、緑地に位置するのかで、資産価値は大きく変化します。実際、投資家は、市の計画と購入を検討している土地の位置を照らし合わせて、判断しています。特に、国道58号線沿いの商業地域の人気が高いです。また、屋冨祖から同地区を通って商業施設の浦添パルコへ向かう三叉路が計画されている「緑のシンボルロード」沿線の上も、非常に人気が高いです。

④相続について

親族で軍用地を共有相続した方が、共有名義から単有名義へ変更するため、共有分割協議をする方もいました。将来、軍用地が返還されたとき、共有名義より単有名義の方が、資産価値は上がるからです。

⑤今後、軍用地を購入される方へのアドバイスについて

長期保有で収益を得たい方は、現時点において、返還予定のない嘉手納町以北の軍用地を購入した方がよろしいかと思います。返還後の跡地用を見込んで収益を得たい方は、普天間飛行場より南の軍用地を購入した方がよいかと思います。

軍用地が売却されるケースはほとんど相続事案

嘉手納飛行場のゲートから車で3分以内にあるＭａｋａｎａＨｏｕｓｅはスタッフの平均年齢が20代と若く、全員が沖縄出身で地元に精通、そして、高校時代にサッカーで県代表として全国大会に出場した経験がある伊志嶺忠社長を筆頭に、沖縄で最も勢いのある不動産会社です。ＭａｋａｎａＨｏｕｓｅは、土地、新築建売、中古戸建、マンション、

軍用地、外国人住宅などの不動産売買や、賃貸管理を行っています。営業エリアは、北谷町、沖縄市など本島中部エリアを中心に、昨年、新規開店した名護支店を拠点に北部全域、さらに、宮古島や石垣島などの離島の物件も扱っています。最近は、若い社員のSNS広告が、反響を呼び、全国からお客様が殺到しているとか。今回は、安定した某銀行グループ会社から不動産業界に転職し、本社営業マンの仲村渠（なかんだかり）氏から、軍用地の実情について、聞きました。

①地主が軍用地を売却する理由について

軍用地を売却されるお客様で最も多い理由は、相続事案がほとんどです。軍用地は、換金性が高いので、親から軍用地を相続した若い地主は、住宅の建替え費用に充てるため、軍用地を売却されるケースもありました。近年、核家族化が進んでいるといわれています。ある地主は、相続する親族がいないことから、自らの老後の資金に充てるため、軍用地を売却されました。今後、そのようなケースが増えてくると思います。最近、私はお客様から売却後の税金について、相談を受けることが多くなりましたので、私が分かる範囲で答えることはできるのですが、詳細については、税理士を紹介しています。

②最近、軍用地の動きはどうですか

弊社では、数千万円の軍用地を５００万円から１０００万円程度に分筆し、販売しています。初めて投資されるお客様は、少額物件を少しずつ購入されているようです。売れている施設では、返還予定地ではない嘉手納飛行場や嘉手納弾薬庫地区、最近、キャンプ・シュワブの問い合わせが増えています。一部の投資家の間では、返還後の跡地利用を見越して、浦添市の牧港補給地区を探しているようですが、物件価格が数千万円と高すぎるためか、売れ行きは芳しくありません。

③返還予定地のキャンプ瑞慶覧について

投資家の中では、返還予定地のキャンプ瑞慶覧を嫌厭する動きがあるものの、建物が建っている平坦地は、人気があります。投資家は、行政が公表した跡地利用基本計画と航空写真付き地積併合図を照らし合わせて、土地を選んでいるようです。

④今後、軍用地を購入される方へのアドバイスについて

軍用地には、主に５つのメリットがあります。

１軍用地は、同じ面積の宅地と比べて、約６分の１から約７分の１と固定資産税は圧倒的に低いにも関わらず、沖縄の金融機関では、あらゆる不動産の中で一番担保価値が高い。

2大きな面積の軍用地を分筆し、売却しやすい。宅地は、分筆しても角地や中地で、利用価値が大きくことなるので、売却しにくい

3外国軍人向けの貸し住宅投資や民泊投資に比べ、空室リスクがない

4台風や地震などの自然災害の心配がない

5他の収益物件と異なり、家賃収入は、雪だるま式に増え続ける

軍用地を売却するとき、登記簿謄本の地目が、畑以外に地目変更をしなければいけないので、司法書士に変更登記を依頼すると、費用が発生します。自分で、インターネットから登記申請書をダウンロードし、賃借料明細書、航空写真付き地積測量図を役所から取り寄せれば、地目変更登記が可能です。法務局の登記官に相談すると、申請の手続きを教えてくれます。過去3年分の賃借料明細書から、地目ごとの賃借料単価の推移を調べると、上昇率が分かります。軍用地を購入するときの、目安にすると良いでしょう。市町村の地主会によっては、ある一定の面積以上がないと、地主会に加入することができません。沖縄県軍用地等地主会連合会の「わした土地連共済」の低利な融資が受けられないこともあるので、事前に購入する軍用地が所在する市町村の地主会に確認することを勧めします。

空室リスク無し！ ローリスクミドルリターンの秘密はそこにあり

私は、関西地区に住んでいる30代男性の独身です。

職業は美容整形外科の医師です。

そもそも、私が、軍用地を知るきっかけは、高校生の頃、沖縄の米軍基地問題が、社会科の授業で取り上げられていました。何気なく、グーグルで、「沖縄　米軍基地」と検索していたら、軍用地を販売する不動産会社のサイトが表示されるではありませんか。これは何だ！　と不思議に思い、そのサイトから軍用地を調べました。当時は、現在と比べて、非常に利率が高かったことを覚えています。私は、まだ高校生だったので、その不動産会社が信用していいのか不安だったので、ただ眺めるだけでした。

私が、軍用地投資を始めた理由が３つあります。１つ目は、軍用地には、空室リスクを心配する必要がないことです。私は、大阪府のワンルームマンションを2室所有しています。毎月の家賃収入からローンの返済額やマンション管理費や修繕積立金などを差し引くと、数万円の利益です。

退去者が出ると、手元に残るお金はほとんど残りません。ワンルームマンションは、建物の割合が大部分を占め、築年数が経過すると、建物の価値は年々減少し、建物の価値はゼロになります。マンションは、僅かな土地しか残りませんし、全く利益を生まずに、固定資産税を払い続けるしかありません。

一方で、軍用地は、政府が借りている土地なので、空室リスクはありませんし、老朽化の心配はなく、基地が存在し続ける限り、借地料は、黙っていても入ってきます。

2つ目は、軍用地は、「売り時」を考えなくても良いことです。ワンルームマンションが売りにくい理由として、利回りの低さがあります。利回りとは、購入価格に対して年間の家賃収入がどれくらいあるかを表す指標です。ワンルームマンションは投資目的で購入されるケースが多く、購入の判断基準として利回りが重視される傾向にあります。特に築年数が古いワンルームマンションは、家賃の値下げや修繕費の増大などによって利回りが低下しやすくなります。利回りが悪いワンルームマンションを売却するためには、売却価格の見直しが必要です。

一方で、軍用地は、年々借地料が複利的に上がるので、購入価格に対する年間の借地料の割合が上昇することから、利回りが上がります。利回りが上がると、売却するときの価格も上がることが予想されるので、ワンルームマンションに比べて、いつ売ったら良いのか考える必要はありません。

３つ目は、軍用地は、日本の安全保障上、絶対、存在しなくてはいけません。

私は、20年以上、株式投資を行っており、平均20%のリターンをたたき出しています。私の投資スタイルは、資源関連株に投資することです。資源の少ない日本にとって資源開発は重要な国策テーマです。石油会社が油田、非鉄会社が鉱山の開発を行う場合が多いほか、商社などもエネルギー資源の開発を進めています。

ここに来て円安の進行という要因も加わっており、資源の安定的な供給が、わが国経済にとって差し迫った課題となっています。

我が国は、政策を進めて行くために既存の規制を緩和したり、補助金を支給したりするなど、企業が受ける恩恵も大きくなり、それらの企業の株価は上昇しています。

私は、軍用地も同じことが言えると思います。

軍用地は、日本の安全保障上、無くてはならないので、わが国の政策上、軍用地を減らすことはあっても、無くすことはできません。益々、軍用地の存在価値は大きくなるでしょう。

第8章

私が軍用地投資を続けるわけ

私が軍用地投資を始めたきっかけ

２００６年に結婚して那覇市の賃貸アパートに住んでいた頃、アパートの大家さんと知り合いになったことが軍用地投資を始めるきっかけでした。

「こうしてアパート経営ができるのも軍用地のおかげ。本当に軍用地を持っていて良かったよ」

那覇市内に複数のアパートを所有している大家さんは、こういいました。

前述のとおり、軍用地の借主は日本政府です。金融機関からすると、ある意味食いっぱぐれない軍用地投資には安心してお金を貸すことができます。軍用地主というだけで、当時の金融機関は、いとも簡単に新築アパートの建築費用を融資してくれたそうです。

当初はアパート経営に興味を持っていたので、大家さんに「自分もアパート経営をやってみよう」と相談に行ったのですが、この言葉を聞いてアパートのオーナーより軍用地主になるのが先だと感じ、軍用地がどうしても欲しくてたまらなくなりました。

それ以来、軍用地の知識を深めようとインターネットで調べたり職場の同僚に聞いて回ったりしました。

軍用地に詳しい同僚たちは異口同音に皆、「軍用地は失敗しない！」といいました。その頃の私は株式投資で小さな利益と大きな損失を繰り返す日々で、業務中も株価が気になって仕事が手につかなくなるほどでした。株式投資で塩漬けとなった株式を抱えていた私には、「失敗しない」の言葉がとても魅力的に響いたのです。翌年、ちょうど満期を迎える３００万円の定額積立貯金があったので、その資金を軍用地の購入に充てることにしました。

不動産業者の営業マンに軍用地について尋ねたところ、「事業で成功している方のほとんどが軍用地主。軍用地を買って、絶対売ってはダメです」というのです。「不動産の売買で稼ぐ不動産業者が逆に売るなとは」と、最初は不思議に思いましたが、この一言が軍用地投資を始める決め手となったのです。「不動産業者がそう言うのだから、軍用地は間違いない投資のはずだ」との結論に至りました。

そして、３００万円以内で買える軍用地を探していたところ、運よく沖縄タイムスの不動産広告から金武町の「キャンプ・ハンセン」を見つけ出しました。その喜びは今でも覚えています。

キャンプ・ハンセンとは、沖縄戦で戦死し名誉勲章に叙されたデール・マーリン・ハン

キャンプ・ハンセン

県内最大規模の実弾射撃演習が実施されているキャンプ・ハンセンは、演習による原野火災や施設外への被弾など、周辺地域へ与える不安が最も高い施設の一つ。金武町の中心地域に位置し、同施設には兵舎、医療施設、銀行、娯楽施設などが完備されている。

セン（英：Dale M.Hansen）海兵隊二等兵にちなんで命名された基地で、県内最大規模の実弾射撃演習が実施されています。

富裕層だけが知っている、軍用地を利用して資産を増やす方法

　ここで、私の友人でもあり、軍用地投資家でもある那覇市在住の金城氏に軍用地投資について聞いた話を紹介します。彼は軍用地投資を始めたことがきっかけで、今やアパート、マンスリーマンションを生業とした年収数千万円の資産家、富裕層です。

　金城氏が軍用地投資を始めたのは２０１２年。当時、彼は親から引き継いだ土地でアパ

ート経営を行っていました。そんなとき、不動産業者から軍用地は儲かるという情報を聞きつけ、自分でも始めてみようと考えたことがきっかけだったそうです。

「3筆まとめて地料約４６０万円の嘉手納飛行場の軍用地を、銀行から全額諸費用込みで1億6千万円ほど借り入れて購入しました。なぜなら、その不動産業者から２０１３年には、軍用地料が例年以上の約３・５％ほど上がるという情報を聞いたからです」（金城氏）

米軍への基地提供は、民法第６０４条で契約期間を最長20年と定められています。地主と国の賃貸借契約は、本土復帰時の１９７２年5月15日に最初の契約が取り交わされています。その後、２度目の原契約締結が１９９２年、さらに２０１２年に３度目の原契約締結が行われました。

地主の大部分が加入している土地連にとって、２０１２年5月は、20年に一度しかない契約更新期にあたり、軍用地料見直しのチャンスでした。そのチャンスを逃すまいと、土地連は国に対し、軍用地料の値上げを求める要請書を提出しました。基地がなければ地元経済の発展などで本来得られたはずの正当な額として、前年度の約2倍にあたる年額１７８２億円を要求するという主張です。その結果、国から２０１３年の軍用地料の総額は対前年度比３・５％増の提示を引き出せたのです。

「２０１２年夏頃に６０８４万円で購入した嘉手納飛行場の１年間の地料は、１６９万円でした。これが１年半後に売却を検討したところ、地料は１６９万５０００円に値上がりしていました。そのため７１１９万円で売却することができました。つまり１０３５万円の売却益が出たのです」(同氏)

なぜ値上がりしたのかといえば、軍用地料が上昇したことで軍用地の価値が上がり、倍率も上がったためです。購入時36倍の倍率が、売却時には42倍になっていたそうです。ちなみに現在の相場では52~57倍にもなっています。

「軍用地は現金で購入しても小さな利益にしかなりません。ですが、シミュレーションをしてみると、融資で億単位の軍用地を購入すると大きな利益を生み出すことが分かりました。売却した場合の含み益です。金融機関に相談したところ、担保価値が非常に高く、新築アパート投資に対する融資よりも軍用地に対してのローンの方が積極的でした。こうして最初の軍用地の売却益を元手にして、嘉手納飛行場と嘉手納弾薬庫地区に絞って購入を加速させました。売りが出たら買うことを繰り返し、約７年かけてコツコツ増やして、購入総額は４億８千万円、地料は計１２００万円。担保価値は６億円以上になりました。今では、その担保価値を利用した当座貸越型軍用地主ローンの借り入れ枠を使ってマンス

リーマンションや旅館業にも進出しています」（同氏）

新型コロナウイルス感染拡大に伴う旅行の自粛や航空路線の運休・減便などにより、旅館業は一時撤退しましたが、コロナ禍前の沖縄の２０１９年の観光客数は１０１６万３９００人で、過去最高。２０１７年にはすでにハワイを上回っており、県内や一部の離島など観光客に人気のある市町村の土地は、コロナ禍にあっても、地価は下がってはいません。

当時の彼は、土地を他人より先に押さえるため、借り入れ枠から土地代の現金を引き出して速攻で購入。その後に旅館業の事業計画を銀行に提出し、建築物と土地を含めた金額の融資を受け、融資後、土地代の融資分を軍用地ローンの借り入れ枠に戻したのだそう。その繰り返しで、マンスリーマンションや旅館業へと経営を拡大していったそうです。

「軍用地投資は安全な投資ですね。毎年地料が上がり、金融機関にも信用度が高く、考え方によっては担保としても活用できる。現在は、割安になった競売前の物件をいち早く押さえるため、借り入れ枠から次々と物件を購入しています。軍用地を『打ち出の小槌』のように活用できることが最大のメリットではないかと思います」（同氏）

本当は教えたくない「究極の相続税対策」

　富裕層が軍用地を購入する理由のほぼ9割が相続税対策といわれています。なぜなら、軍用地の相続税評価額と、軍用地の実際の取引価格が大きく離れている性質を利用しているからです。この乖離が大きいほど相続税の節税につながるということです。相続税対策後、しばらくの間、軍用地収入を得るのもよし。また、まとまったお金が必要になった場合には、軍用地を分筆して、一部換金するのも良いでしょう。軍用地は、富裕層にとって、非常に使い勝手の良い不動産といえるわけです。富裕層の間で、人気のあった「タワーマンション」（いわゆるタワマン節税）について、国税庁は、2023年10月、マンションの相続税評価額の算定方法を定めた「通達」を公表しました。これにより、タワマン節税のメリットは、大きく損なわれることになりました。その影響もあり、軍用地の相続税対策に注目が集まると予想します。

　しかし、国税庁は、軍用地が富裕層の相続税対策に使われているケースを把握しており、別表のとおり、公用地用の評価倍率を引き上げてきました。たとえば、金武町のキャンプ・ハンセンの雑種地は、令和2年の28倍から、令和5年の36倍へ30％近くも上げてきました。

とはいえ、軍用地が相続税対策に最も適していることには間違いありません。では、次のとおり、具体例で説明します。

仮に３３００万円の現金を沖縄市の嘉手納弾薬庫地区に組み替えた場合、相続税評価額は３３００万円から１６００・６万円と約２分の１になりました。

同様に、金武町のキャンプ・ハンセンに組み替えた場合、相続税評価額は３３００万円から86・４万円と約38分の１になりました。

比べるまでもありませんが、恐ろしい結果に目を疑いたくもなります。

理由は、伊江村・恩納村・宜野座村・金武町・国頭村・久米島町の軍用地については、固定資産税納税通知書に記載された雑種地の評価額を用いるのではなく、近傍の雑種地の価額に面積を乗じた評価額を用いなければいけません。そうしないと、伊江村の伊江島補助飛行場の雑種地８７６倍のようにとんでもない評価額になってしまい、到底節税とはいえないことになってしまうからです。

近傍の雑種地の価額は、役所の資産課税課に問い合わせると教えてくれます。市区町村の役所に評価対象地の固定資産税評価証明書の発行を申請する際に、相続税評価額を計算するときに必要とする旨を添えて、備考欄に近傍の地目（雑種地や山林など）の１㎡当たりの固定資産税評価額を入れてもらうよう依頼すると記載してもらえます。

相続税対策に伊江島補助飛行場やキャンプ・ハンセンなどの軍用地を検討する際には、事前に沖縄県の税理士に相談の上、売主に固定資産税評価証明書の取得をお願いしましょう。すべての地目が近傍の価額のように過少評価に該当するとは限らないからです。

例　3300万円で購入した軍用地の相続税評価額の計算方法①

●施設名　嘉手納弾薬庫地区

●固定資産税評価額（固定資産税納税通知書に記載）　741万円

●登記簿上の地目　山林

●評価倍率表による倍率　3.6
※226、227ページ、路線価図の財産評価基準の「公用地用の評価倍率表」参照

●相続税法第23条による評価減　40％
※原則として、地上権で「存続期間の定めのないもの」の割合40％を使用

【相続税評価額】741万円×3.6×（1－0.4）≒1600.6万円

例　3300万円で購入した軍用地の相続税評価額の計算方法②

●施設名　キャンプ・ハンセン

●固定資産税評価額（固定資産税評価証明書の備考欄に近傍雑種地の1㎡当たりの固定資産税評価額が記載）　4万円

●登記簿上の地目　雑種地

●評価倍率表による倍率　36
※226、227ページ、路線価図の財産評価基準の「公用地用の評価倍率表」参照

●相続税法第23条による評価減　40％
※原則として、地上権で「存続期間の定めのないもの」の割合40％を使用

【相続税評価額】4万円×36×（1－0.4）≒86.4万円

公用地用の評価倍率表

令和5年分
（沖縄県）

音順	市町村名	適用施設名等	宅地 (倍)	田 (倍)	畑 (倍)	山林 (倍)	原野 (倍)	牧場 (倍)	池沼 (倍)	雑種地 (倍)
			固定資産税評価額に乗ずる倍率							
お	沖縄市	泡瀬通信施設	—	—	3.0	—	3.0	—	—	3.0
		嘉手納弾薬庫地区	3.6	3.7	3.7	3.6	3.6	—	3.6	3.6
		嘉手納飛行場	4.0	4.1	4.1	4.1	4.1	—	4.1	4.1
		キャンプ・シールズ	2.9	3.0	3.0	3.0	3.0	—	3.0	3.0
		キャンプ・瑞慶覧	2.3	2.3	2.3	2.3	2.3	—	—	2.3
		陸軍貯油施設	—	3.6	3.6	3.8	3.8	—	—	3.6
		陸上自衛隊沖縄訓練場	3.6	3.7	3.7	3.6	3.6	—	3.6	3.6
		陸上自衛隊那覇駐屯地白川高射教育訓練場	3.1	3.1	3.1	3.1	3.1	—	—	3.1
	恩納村	嘉手納弾薬庫地区	—	202	336	802	373	—	—	80
		キャンプ・ハンセン	—	153	174	676	229	—	—	46
		航空自衛隊那覇基地恩納高射教育訓練場	—	145	187	716	217	—	—	—
か	嘉手納町	嘉手納弾薬庫地区	4.1	4.3	4.3	4.4	4.4	—	—	4.3
		嘉手納飛行場	3.5	3.5	3.5	3.9	3.9	—	3.5	3.5
		陸軍貯油施設	3.1	—	3.1	3.1	3.1	—	—	3.1
き	北大東村	沖大東島射爆撃場	352	352	352	352	352	—	—	352
	北中城村	キャンプ・瑞慶覧	3.6	4.0	4.0	4.0	4.0	—	4.0	4.0
	宜野座村	キャンプ・ハンセン	—	182	227	299	287	—	—	36
	宜野湾市	キャンプ・瑞慶覧	2.6	2.6	2.6	2.6	2.6	—	2.6	2.6
		普天間飛行場	2.8	2.9	2.9	2.9	2.9	—	2.9	2.9
		陸軍貯油施設	2.8	—	—	—	—	—	—	—

公用地用の評価倍率表

令和5年分
（沖縄県）

音順	市町村名	適用施設名等	固定資産税評価額に乗ずる倍率 宅地（倍）	田（倍）	畑（倍）	山林（倍）	原野（倍）	牧場（倍）	池沼（倍）	雑種地（倍）
き	金武町	キャンプ・ハンセン	25	233	685	767	536	−	−	36
		金武ブルー・ビーチ訓練場	25	234	236	831	580	−	−	12
		金武レッド・ビーチ訓練場	31	686	722	−	2490	−	−	38
く	国頭村	奥間レストセンター	−	365	416	1629	1629	−	560	358
		海上自衛隊国頭受信所	−	−	136	296	300	−	−	−
		北部訓練場	−	−	−	192	205	−	−	−
	久米島町	航空自衛隊那覇基地久米島分屯基地	−	462	303	620	400	−	−	−
ち	北谷町	嘉手納飛行場	3.4	3.5	3.5	3.5	3.5	−	3.5	3.5
		キャンプ・桑江	2.8	2.8	2.8	2.8	2.8	−	−	2.8
		キャンプ・瑞慶覧	2.6	2.7	2.7	2.7	2.7	−	2.7	2.7
		陸軍貯油施設	2.9	3.0	3.0	3.0	3.0	−	−	3.0
な	名護市	キャンプ・シュワブ（訓練場地域）	−	4.6	4.6	3.1	3.1	−	4.6	4.6
		キャンプ・シュワブ（キャンプ地域）	−	6.5	6.5	6.5	6.5	−	6.5	6.5
		辺野古弾薬庫	−	4.3	4.3	2.9	2.9	−	−	2.9
	那覇市	嘉手納飛行場（鏡水）	−	−	4.5	−	4.5	−	−	4.5
		嘉手納飛行場（当間）	−	−	4.5	−	−	−	−	4.5
		航空自衛隊那覇基地	4.8	4.5	4.5	4.5	4.5	−	4.5	4.5
		航空自衛隊那覇基地那覇高射教育訓練場	−	4.5	4.5	4.5	4.5	−	4.5	4.5
		那覇空港施設（国土交通省）	5.3	4.9	4.9	4.9	4.9	4.9	4.9	4.9
		那覇港湾施設（住吉町、垣花町）	4.2	−	4.2	−	4.2	−	4.2	4.2
		那覇港湾施設（住吉町、垣花町以外）	−	−	2.8	−	2.8	−	−	2.8
		陸上自衛隊那覇訓練場	4.8	−	4.5	−	4.5	−	−	4.5

出典：令和５年度沖縄県の公用地用の評価倍率表※
※路線価が定められていない米軍基地や自衛隊基地、那覇空港に使用されている土地を評価するために用いられる倍率表

主な公用地用の評価倍率表の推移

市町村	施設名	地目	令和2年	令和3年	令和4年	令和5年
伊江村	伊江島補助飛行場	雑種地	824	876	876	876
浦添市	牧港補給地区	雑種地	3.4	3.3	3.4	3.4
うるま市	ホワイトビーチ地区	雑種地	6.0	7.0	7.0	7.2
沖縄市	嘉手納弾薬庫地区	雑種地	3.7	3.6	3.6	3.6
嘉手納町	嘉手納飛行場	雑種地	4.1	3.5	3.5	3.5
宜野湾市	普天間飛行場	雑種地	3.2	2.8	2.9	2.9
金武町	キャンプ・ハンセン	雑種地	28	32	32	36
北谷町	キャンプ・桑江	雑種地	3.1	2.7	2.8	2.8
名護市	キャンプ・シュワブ(キャンプ地域)	雑種地	5.0	6.2	6.3	6.5
那覇市	航空自衛隊那覇基地	雑種地	4.7	4.5	4.5	4.5
読谷村	トリイ通信施設	雑種地	3.7	2.1	2.1	2.1

出典:著者による編集

分散投資の中心は軍用地がおすすめ

分散投資とは文字どおり分散させて投資を行い、投資におけるリスクを減らす投資方法です。一般的には株式などの金融商品が中心の考え方なのですが、ここでは不動産投資における分散投資について考えてみたいと思います。

不動産投資では人口減少や競合物件が原因による空室は起こりうるリスクです。また、時代の移り変わりによって、入居者に選ばれる立地、物件、間取りも異なってきます。もはやそれらのリスクや変化に対応しなければ生き残れません。そんな厳しい時代を乗り越えるには投資する物件の種類を変える、つまり不動産を分散することが大事だと私は考えています。

そして分散投資の中心に据えるべき投資こそが「軍用地投資」ではないかと思っています。第２章で説明したとおり、軍用地投資では家賃＝軍用地料が年々上昇するので、利回りは黙っていても上がり、金融商品と同様に流動性が高く換金性に優れています。沖縄の方言で「混ぜる」ことを「チャンプルー」といいますが、不動産投資と金融商品の良いところを「チャンプルー」したものが軍用地投資です。次ページのグラフは私が所有してい

嘉手納飛行場の担保価値の推移

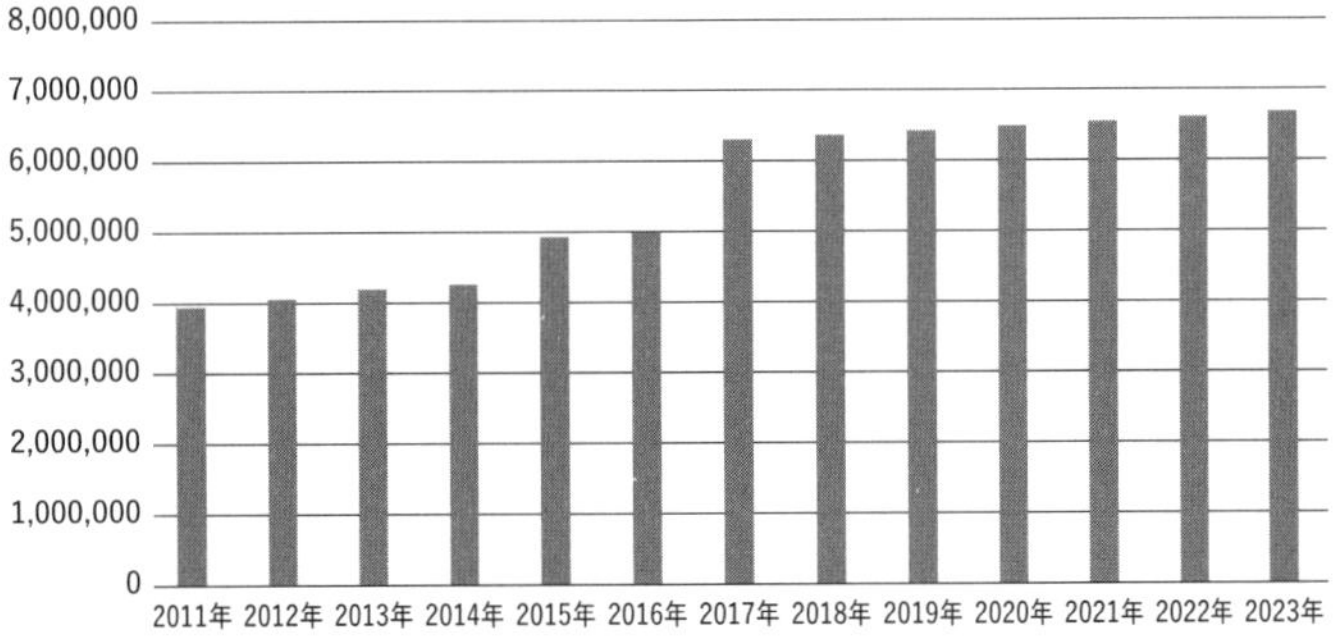

出典：著者による編集

る嘉手納飛行場の担保価値の推移です。年間の地料に金融機関の融資倍率を掛け合わせた額が担保価値になることはこれまで説明してきたとおりですが、年々地料が上昇しているので、同じように担保価値も上がり続けています。

さらに２０１５年以降、急激に担保価値がアップしました。沖縄の金融機関が２０１５年と２０１７年に軍用地に対する融資倍率を上方修正したことが理由です。借主が「優良顧客」の国であるという信頼感と地料が上がり続けるという安心感の相乗効果が、金融機関の軍用地に対する高評価をもたらしていると私は考えています。

金融機関の融資倍率は、市場の取引事例を半年間隔で調査し、その事例に基づいて決めるとある銀行マンから聞いたことがあります。そして、前述のとおり融資倍率が引き上げられると、連動して相場の倍率も上昇します。一方、不動産業者に聞いた話によると、たとえばある業者が嘉手納飛行場を55倍でインターネットに情報公開して売却済みになると、それを見て他の業者は別の嘉手納飛行場を57倍とアップさせて売りに出し、それが周りに回って相場の倍率が上がっていくのだとか。

こうなると「鶏が先か、卵が先か」の話になってしまいますが、どちらにしても軍用地の担保価値は右肩上がりが続くと考えられます。

不動産の担保価値が、その不動産を担保に借りたローンの残債より小さくなっている状態を「担保割れ」といいますが、これまで軍用地はたとえフルローンで融資を受けたとしても、担保割れをすることは一度もありませんでした。それは逆にいうと、担保価値がローンの残債以上の価値を持つ「担保余力」があるということ。その担保余力を使えば、その差額分で新たな融資を引っ張ってくることが可能になります。この担保余力こそが、私が分散投資の中心に軍用地投資を据えるべきと考える理由です。

私が所有する軍用地も購入時より価格が上昇し、返済が進んだことで担保余力が生まれています。それを利用して当座貸越型ローンを組み、ローン残債の2倍に設定された借り入れ枠を使って東京都心のマンションや沖縄ではハイリスク・ハイリターンとの呼び声高い民泊投資や外国人向けの貸し住宅投資に分散して投資を行っていました。軍用地よりリスクはあるものの、利回りが高い不動産に分散することで、順調に収益を生み出しています。軍用地という土台があるからこそ、あらゆる形態の不動産投資にも自信を持って分散できるのです。

「守りの投資」が最強！

みなさんは、フロイド・メイウェザー・ジュニアというアメリカ合衆国の元プロボクサーをご存じでしょうか。彼は、圧倒的なスピードと超人的な反応速度を持ち、卓越したディフェンステクニックで相手を翻弄し、絶妙のタイミングでカウンターを打ち込むのを得意とする選手でした。プロでの戦績は50戦50勝無敗。史上初めて無敗のまま5階級制覇を達成するなど、最強のボクサーとして評価されています。

彼の原動力が、類まれなディフェンス能力といわれています。いくら攻撃的で優れたパンチ力を持っていても、防御がしっかりしていないと長くチャンピオンの座を維持することはできないのです。

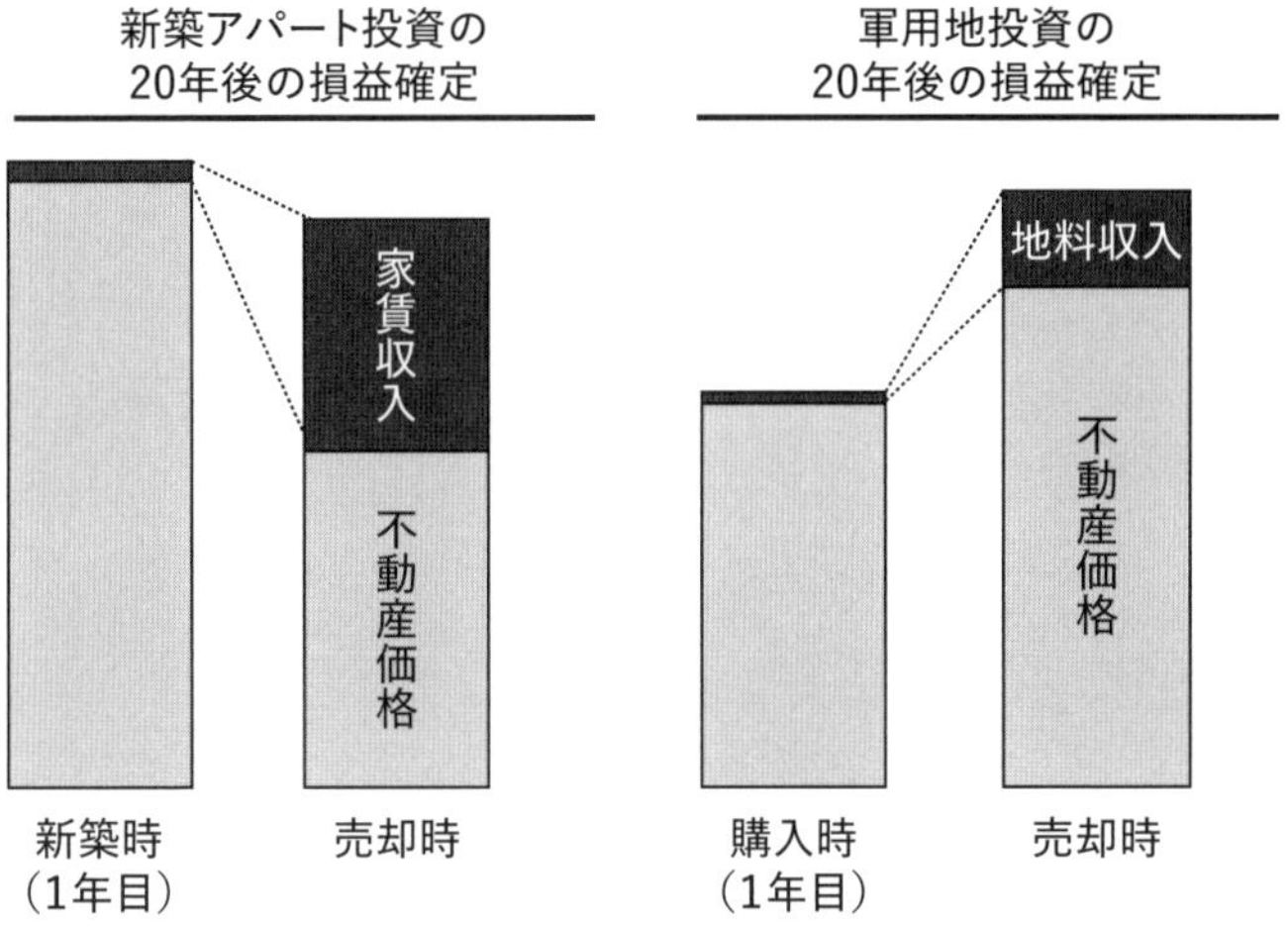

不動産投資にも同じことがいえるのではないでしょうか。単純に利回りの高い物件を購入する「攻めの投資」も否定はしませんが、そこには大きなリスクが伴っています。なぜなら、利回りには、時間による変化が考慮されていないからです。たとえ表面利回り８％の新築アパート経営をしているとしても、近隣での競合アパートの建設、建物の経年劣化に伴う修繕費の増加や家賃の低下などで、将来もずっと同じ利回りが維持できるとは限りません。また、売却するにしても新築時の価格より大幅に下がることは目に見えています。それまでに得た家賃収入に売却時の不動産価格を加えた金額が、新築時にかかった金額を上回っていなければ、投資をする意味はありません。

一方、軍用地投資は、もちろん経年劣化もなければ景気の影響も受けにくいので市場価格が下落する可能性も少なく、「守りの投資」といえます。景気に左右されないということは急に価格が上がらない半面、下がりもしないということですが、軍用地の場合は過去の実績を見ると着実に右肩上がりを続けています。

軍用地投資は長期で持ち続けるほど、その魅力を発揮させることができます。その理由は、毎年、複利で増えていく軍用地料。デフレ期の地価の下落局面でさえ、地料は上がり続けてきました。管理コストや建物の老朽化による修繕費などの費用もかからないので、何もせずに利回りはアップし続けます。他の不動産では考えられません。

軍用地投資は、確実に稼げてローリスクな分、リターンや利益は小さい「守りの投資」です。とはいえ、30代前半で軍用地投資を始めた私の経験からいわせていただくと、十分な資金が用意できない人が小さく始めても、軍用地の複利的効果を最大限に活用して長期的に安定して稼ぐことができます。また、十分な資金がある人の場合、その豊富な資金をつぎ込めば大きく儲けることも可能です。また、そうして得た軍用地の担保価値を活用して、リスクの高い海外不動産や民泊などさまざまな「攻めの投資」を展開することも可能。また、事業を経営している方は、特に資金需要が差し迫っていない場合でも、当座貸越の枠を設定しておけば、いざというときに枠内で自由に融資を活用することができます。

「何事も基礎が大切」といいます。同様に、建築物を建てるときも大切なのが「基礎工事」です。この基礎工事をいい加減にやれば、その上に立つ建物の土台が揺らぐことになり、どんな頑丈につくった建物だとしても長持ちはしないことになります。

私は、資産形成における「基礎」は軍用地だと信じています。まずは、基礎をしっかり固め、人生１００年時代を生き抜く礎を築きましょう。

おわりに

最後まで読んでいただき、ありがとうございます。

「軍用地料が入金されたら、ご先祖様へ報告しましょう」

これは、私が講師を務めるセミナーの講演中、いつも声を大にして伝えている言葉です。

軍用地料は、毎年、旧盆にあたる時期に、振り込まれることは説明したとおりです。

沖縄では、旧盆などのご先祖を供養する際に、方言で「うちかび」と呼ばれる「あの世で使うお金」を贈る習慣があります。沖縄の旧盆は、毎年旧暦の7月13日〜15日に行われ、今年は8月19日から3日間でした。

旧盆の最終日の夜に、集まった家族全員が仏壇の前で、「ご先祖様があの世でお金に困らないように」と願いを込めて、うちかびを燃やし、ご先祖様を見送ります。

実は、中国や台湾でもこれと同じように紙銭と呼ばれるお金を燃やす習慣があるそうで、沖縄のうちかびもその影響を受けているそうです。

私は、うちかびを行いながら、賃借料明細書も燃やしてご先祖様を見送っています。これは、子供が親の立場になっても、しっかり引き継いで欲しいと願っています。そうすることが、子供の金銭教育につながると信じているからです。

私は、これまで遺産相続でもめて、軍用地を泣く泣く手放す地主と関わってきました。毎回、なぜ、これほど貴重な財産を売ってしまうのか強く疑問に感じていました。

相続財産を「棚からぼたもち」「あぶく銭」などと捉えてしまう相続人もいます。分不相応のあぶく銭の味を知ったがゆえに、真面目に働くのが馬鹿らしくなり、仕事を辞め、浪費・散財を繰り返し、果ては借金地獄で一家離散。

実際に、そういう相続人を知っています。あぶく銭とはよくいったもので、そうしたお金はまるで羽が生えているかのようにフワフワとすぐに飛んでいってしまいます。散財するのは重みを感じていないからです。

自分で汗水たらし苦労して得たお金じゃないから、軽いのです。だから、飛ばないように「重石」が必要です。その重石が「うちかび」なのです。

取材にもありましたが、今の若い世代は、大金を手に入れるため、いとも簡単に軍用地を売却するそうです。果たして、彼らにその大金を使いこなせる器が備わっているのでしょうか。

私はそうは思いません。毎年わずかでも入ってくる軍用地がどんなに大切なのか理解していないと思います。

戦後、米軍施政下において、無慈悲に強制接取されてた土地を取り返すべく、辛苦を味わってきた先人の汗と涙の結晶が、軍用地です。

沖縄軍用地の歴史を軽んじる人には軍用地を買って欲しくはありませんし、ただお金儲けの人にも売りたくはありません。

先人が必死の思いで守ってきた軍用地を、将来の沖縄をしょって立つ我々が途絶えさせてはいけません。

これからの時代は、軍用地をただ守るだけではなく、軍用地を土台にした資産形成が人生１００年時代を生き抜く手段だと思います。

本書を出版するにあたり、機会を与えてくださいましたネクストサービス株式会社の松尾昭仁先生、取材に協力していただいた財全グループ株式会社御一同様、Ｍａｋａｎａ

Ｈｏｕｓｅの代表の伊志嶺様、那覇市在住の金城様、執筆にあたりご指導くださいました自由国民社の編集部様。この場をお借りして、心からお礼申し上げます。

最後に、２０１９年2月8日、交通事故に巻き込まれ、59歳で亡くなられた三重県のラテン文化研究家、川江猛さんと私は、同じ出版スクールで学び合う仲間でした。川江さんは、命尽きる瞬間まで、前向きに生きることを望まれ、その言葉通りに多くの学びを残して旅立っていかれました。

この本は、そんな川江さんの姿を思い起こし、今後の励みにしていきたいという願いで書き上げました。川江さんが私の心の中に生き続けてくれるのを祈りつつ、筆を置かせていただきます。

軍用地投資の専門家　仲里　桂一

著者プロフィール

仲里　桂一（なかざと　けいいち）

1973年、沖縄県生まれ。元防衛省沖縄防衛局職員。

2018年、防衛省沖縄防衛局を退職し、（株）L&Sコンサルティングを設立。沖縄の米軍基地を中心におよそ20年間、軍用地の管理、取得に携わってきた経歴で、軍用地の裏と表を知り尽くしたプロフェッショナル。ファイナンシャルプランナー。宅地建物取引士。

軍用地の購入から売却まで年間200件以上のコンサルティング、仲介、セミナー・講演会を実施するなど活躍中。また、軍用地投資のビジネス書の先駆者としても多くのファンから支持されている。著書に、『お金持ちはこっそり始めている 本当は教えたくない！「軍用地投資」入門』（すばる舎）、『専門家が優しく教える！軍用地投資の教科書』（扶桑社）がある。沖縄市軍用地等地主会員。金武町軍用地等地主会員。北谷町軍用地等地主会員。嘉手納町軍用地等地主会員。

ブログ：https://ameblo.jp/uumakuu99/

お金持ちだけが知っている!軍用地投資入門　改訂版

2021年12月27日　初版第１刷発行
2024年１月１日　改訂版第１刷発行
著　　者　仲里桂一
カ バ ー　JK
D　T　P　有限会社中央制作社

発 行 者　石井　悟
発 行 所　株式会社 自由国民社
〒171-0033 東京都豊島区高田3丁目10番11号
電話　03-6233-0781（代表）
https://www.jiyu.co.jp/
印 刷 所　八光印刷株式会社
製 本 所　新風製本株式会社
企画協力　松尾　昭仁（ネクストサービス株式会社）
編集担当　三田　智朗